[図説] 聖人と花
SAINTS AND THEIR FLOWERS

グラディス・テイラー著
栗山節子訳

八坂書房

［扉］
ギュスターヴ・モロー
《詩人と聖女（ハンガリーの聖エリーザベト）》
1868年

SAINTS AND THEIR FLOWERS
by GLADYS TAYLOR

First published in 1956
A.R. MOWBRAY & Co. Limited, LONDON

はじめに

　次頁の口絵に掲げた、上ライン地方の画家の作品《小楽園》（1410-20年）は、「天国で聖人を統べられる聖母マリア」と記されており、天国の喜びを描いた愛らしい絵である。

　ここに見られるのは中世の庭で、花の咲く植物がたくさん植えられ、城郭のような壁に囲まれている。壁の上には鳥が止まっている。聖母は宝石のついた王冠の代わりに、葉のついた小枝が立ち並ぶ冠をかぶり、腰を下ろして本を読んでいるところである。足下では神の御子イエス・キリストが、頭に花輪を載せた天使からダルシマーあるいはソルタリー〔箱に弦を張った古代の弦楽器〕の弾き方を習っている。キリストのそばに咲いているのは純潔のしるしヒナギクである。

　甲冑に身を包んだ聖ゲオルギウス〔退治した竜（異教の象徴）を伴って描かれる〕と花輪を頭に載せた大天使ミカエルは、木の下に座りこんで話に熱中しており、若者が立ったままそれに耳を傾けている。この話をこっそり聞いているのが悪魔で、小さな猿のような不吉な姿をして、大天使ミカエルの足のかたわらにある「エッサイの枝」の陰に潜んでいる。

　侍女のひとりは天国の喜びを表わすサクランボを集め、もうひとりは水槽あるいは泉から柄杓で水を汲んでいるが、それによって雅歌の一節「わたしの妹、花嫁は、閉ざされた園。……園の泉は命の水を汲むところ／レバノンの山から流れてくる水を」（雅歌第4章第12-15節）を暗示している。背後の盛り土をした花壇(ベッド)には、王家の花アイリス、タチアオイ、キンセンカなど丈の高い

キンセンカ

アイリス

タチアオイ

上ライン地方の画家《小楽園》1410-20年
フランクフルト、シュテーデル美術研究所

ヒナギク

花が見られる。庭には全部で 18 種類の花が咲いているが、大半が象徴的な意味を持っている*。

> *フランス王家の紋章であるアイリスは、天上の女王としての聖母マリアと結びつき、剣を想起させる鋭い葉がキリストの受難における聖母の悲しみの象徴とされた。高い薬効をもつタチアオイは、癒しを暗示する花として描かれる。

この種の絵はときに「聖母マリアの庭」として知られ、中世の画家が好んで描いたものである。

文献閲覧を快諾して下さった王立園芸協会ならびに民俗学協会のご好意ご厚情に、厚く御礼申し上げる。

著　者

【日本語版について】

◎訳者による註記は〔　〕内に入れるか、または＊印を付して欄外に記した。

◎聖人名の表記はラテン語読みを中心とし、日本での慣用や活動した地域などを考慮して、適宜近代語での読みをあてた。

◎出典を記していない植物の線画は原本からの再掲である。それ以外の図版とキャプションは、日本語版のために八坂書房編集部で用意した。

◎キャプションに＊印を付した植物の線画は、『イギリス植物誌 Illustrations of the British Flora』（1901 年）に拠る。

◎絵画作品は時代や地域、画家の個性によって多様な特徴をもつため、本文の記述にない植物も描かれているが、参考にしていただければ幸いである。

目　次

はじめに ……………………………………… 3

第1章　宗教と花 ……………………………… 9
第2章　主イエス・キリストの花 …………… 19
第3章　聖人の背景 …………………………… 35
第4章　聖母マリアの花 ……………………… 46
第5章　聖人とそのエンブレム ……………… 62
第6章　オランダの祝歌 ……………………… 78
第7章　庭師の聖人 …………………………… 81
第8章　イギリスの昔の花暦 ………………… 90
第9章　春の聖人 ……………………………… 92
第10章　夏の聖人 …………………………… 100
第11章　秋の聖人 …………………………… 115
第12章　冬の聖人 …………………………… 125
第13章　死後の聖人 ………………………… 133
第14章　ノーズゲイ ………………………… 138

植物名索引 …………………………………… 144
植物名一覧 …………………………………… 146
聖人名索引 …………………………………… 169
主な邦訳参考文献 …………………………… 172
訳者あとがき ………………………………… 173

ヒューホ・ファン・デル・フース
《ボルティナリの祭壇画》
中央パネルの部分　1475年頃
フィレンツェ、ウフィッツィ美術館
　　　＊　＊　＊
マヨルカ焼きの花瓶にユリとアイリスが、ガラスコップにオダマキとナデシコが生けてある。地面には麦束が置かれ、スミレの花と麦穂がまき散らされている。

第 1 章
宗教と花

　歴史のまさに曙以来、花や草木は宗教と深い関わりを持ってきた。太古の人々は、季節や天気の移ろい、そして昼と夜の交替によって、まわりの草木が変化するのを目にした。草木が枯れては、再び萌え出て、生長し、花咲き、しおれていくことに気づき、そのような不思議な働きをつかさどる神秘的な目に見えない力に対して、畏敬の念を抱いた。あらゆる植物は死と再生を典型的に示している。生命と再生復活の象徴として、人々は身の回り近くにある「木」を選んだ。北欧神話では、人類を産んだと考えられて

旧約聖書のアブラハムに由来すると信じられていたオークの大樹（『聖書とその物語』〔1909 年〕の挿絵より）。この木はヘブロン（パレスチナ自治区）の町外れに現存しているという。

いる雲の女神ホルダは、半身は女性で半身は巨大な木の幹である。さらに途方もなく大きなトネリコの木ユグドラシルは、宇宙的な自然の象徴だった。枝は全世界に影を投げて天上に届き、根は黄泉の国へと伸びる。大枝の下では神々が話し合いをする。

　ほかの土地でも樹木は崇拝されて、森の精や木の精が棲んでいると考えられた。木立、とりわけオークの森は、神秘的な葉群が密生するので尊ばれ、ヤドリギも聖なるオークに絡まるがゆえに、聖なるものとされた。オークは黄葉するので、「金色の枝」という神秘的象徴的な名前で呼ばれ、ブリテンのドルイドのみならず広くヨーロッパの古代人に崇拝されて、当然ながら枝もその木同様聖なるものとみなされた。クリスマスに家に緑の枝葉を飾る風習は、古代のならわしが受け継がれたものである。当時は、住まいに大枝を置けば悪霊除けになると信じられていた。それと意識

ユグドラシルの宇宙樹
パーシー『北方古誌』（1847年）より

されてはいないかもしれないが、クリスマス・ツリーに飾りをつけて、その周りを踊りながらまわることは、樹木崇拝ならびに木の神への捧げものの名残なのだ。

　キリスト教徒にとって、木には特別な意味がある。というのも木は贖罪の物語に重要な役割を果たしているからだ。天地創造のとき、エデンの園には禁断の木が生えていた。そしてその後登場するのが、「カルヴァリ〔ゴルゴタ〕の木」、つまり「救世主イエスがかけられた十字架の木」である。『聖十字架の序誦』で、栄光を神に帰し神を賛美する美しい言葉は、次のとおり。「……木の十字架にかけられて人々を救い給う。死してのち再び生命が蘇り、一本の木によりて勝利せる者が、また一本の木により打ち負かさるる……」〔禁断の木によって勝利した悪魔が聖十字架によって打ち負かされた〕。1世紀の司教フォルトゥナトゥスは、そのでき

19世紀のデンマークのクリスマス
ヴィゴ・ヨハンセン《ハッピー・クリスマス》1891年

第1章 宗教と花　11

ごとを次のように要約した。

　　　　　　人が禁断の果実を味わい、
　　　　　　　　倒れ死すとき
　　　　　　人が堕落し、恥辱にまみれ、
　　　　　　　悲惨の淵に沈むのを
　　　　　　　神は憐れみ給いぬ
　　　　　　その後別の木を選ばれ
　　　　　　世界を死より救い給いぬ

　ヒンドゥーの神話によれば、天地創造のときに、生命と光を象徴するハスの花が水の上に開いた。キリスト誕生のおよそ500年前には、ハスはヒンドゥー教徒や仏教徒によって聖なる花とみなされていた。ヒンドゥー教の神像や仏像は謎めいた表情で、口元

《薬師如来坐像》
平安時代／9世紀　奈良国立博物館

《悟りを開いた後、最初の説法を行う仏陀》
ガンダーラ様式のレリーフ　大英博物館

にはかすかな神秘的な微笑を浮かべ、しばしば大きなハスの花の上に座っている。チベット仏教の密教的なマントラ「オム・マニ・ペメ・フム」の文字通りの意味は「露はハスの花に宿る」である。そしてその教えでは、徐々に開くハスの花が、人間の精神の開花、あるいは内面の進歩の象徴としてもちいられている。

　ハスは寺院の池で咲き、神や仏を礼讃して捧げられ、その花輪が神官僧侶にも祭壇にもかけられた。クワやヒマラヤスギ、バジルやクマツヅラも聖なるものと考えられた。ヴィシュヌ神はベンガルボダイジュの枝の間に生まれ、ゴータマ・シッダールタはインドボダイジュの下で観想して悟りを開いた。インドボダイジュは以後尊ばれている。

　エジプシャン・ロータスはスイレンの一種だが、水面に浮かぶのではなく、水の上に長い茎を伸ばす。花弁はピンクあるいは青

《冥界の王オシリスを礼拝する死者》
「死者の書」を描いたパピルス　第3中間期（前1070-700年頃）　大英博物館

第1章　宗教と花　13

で、先が尖っている。少なくとも5000年前には聖なる花とされ、その象徴的な意味はナイル川に関連していた。この花は寺院の壁や柱に描かれたり、彫られたりしている。エジプトの神への捧げものには、ロータスとパピルスの花をそのままで、あるいは籠に入れたり、花輪や花束にしたりしてもちいることがあった。古いパピルスに描かれた偉大なる太陽神ラーの祭壇には、花が積み上げられている。神像も花冠や花輪で飾られていたが、おもにもちいられたのは「永遠の」花、つまり色が太陽に似ていてしかも褪せることのない黄金製の花だった。

　ロータスという名前には、少々驚かされる。さまざまな国のさまざまな植物を意味するからである。2種類のスイレンのほかに、ローマ人にロータスの木として知られていたのは、おそらくニレの仲間のエノキだろう。『オデュッセイア』の中でロトパゴス（the Lotus-eaters）と呼ばれているのは、伝説上の土地の伝説上の人々

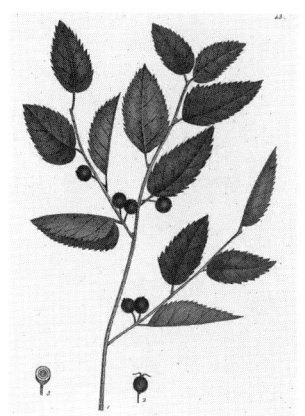

ヨーロッパエノキ
『森林の樹木概論』（1824年）より

セイヨウミヤコグサ
『デンマーク植物誌』（1761-1883年）より

で実在はしない。そしてロートスあるいはロータス（lotos あるいは lotus）〔ナツメに似た木〕の実を食べることは、単に「忘れる」ことを意味する。イギリスの唯一のロータスは、よく見かける小さな野の花セイヨウミヤコグサである。ロータスと呼ばれる植物についてはここまで。

　古代ギリシア人の礼拝に関しては、もっと詳しくわかっている。神には供物が捧げられ、さらにそれぞれの神には特別な花が捧げられた。すべてを挙げるとあまりに長くなるので一部を紹介すると、バラはバラ色の指をした曙の女神エオスに、ゲッケイジュはアポロに、イトスギはプルートに捧げられた。ディオニュソスにはブドウの木が、デメテルにはヒナゲシ、ペルセポネにはスイセンが捧げられた。ホメロスはゼウスとヘラがイダ山の頂上でヒアシンス、ロータス、クロッカスでできた寝椅子で休んでいるとこ

アキセキアス《ディオニュソスの航海》
ギリシャの壺絵　前 535 年頃　ミュンヘン考古博物館

ろを描写している。ヘラの神殿には花を運ぶ女性が仕えていた。

ローマ時代にも花はまだ礼拝にもちいられていた。リストラの生まれつき足が悪く歩けない男を、聖パウロと聖バルナバが歩けるようにしたとき、ふたりは神と讃えられ、ゼウスの神殿の祭司から花輪を捧げられた（使徒言行録第14章第13節）。ローマ人の支配下で、ギリシア神話の神々の名前はラテン語化する。ゼウスとヘラはユピテルとユノに、アフロディーテはウェヌスに変わり、ディオニュソスはバッカスに、デメテルはセレスにという具合である。しかし神と花の関係は持続し、いっそうゆたかになる。白ユリは「ユノのバラ　Juno's Rose」になり、ビロードモウズイカは枝分かれして花に覆われた茎が「ユピテルの杖　Jupiter's Staff」に、イトスギは「笏」(Jupiter's Sceptre) に、そしてオークは聖木になり、その実は「ユピテルのナッツ　Jove's Nuts」になった。かわいらしい小さなキドニー・ヴェッチは「ユピテルのひげ Jupiter's Beard」に、ヤネバンダイソウは「目」(Jupiter's Eye) になった。

ビロードモウズイカ *　　　キドニー・ヴェッチ *　　　ヤネバンダイソウ *

ギンバイカがウェヌスの聖木となり、数え切れないほどの花がウェヌスの花とされた。チーゼル（ラシャカキグサ）が「ウェヌスの水盤　Venus's Basin」と呼ばれたのは、対生の葉の付け根にできるくぼみに雨水を溜めて、長い日照りにも耐えることができたからである。言うまでもなくこの水は、美容効果があるとして女性の洗顔にもちいられ、また眼疾の治療薬ともされた。「ウェヌスの櫛　Venus's Comb」は道端の雑草ナガミノセリモドキで、先細の嘴のような莢が櫛の歯のように集まって天に向いている。そして「ウェヌスの鏡　Venus's Looking-glass」は、小さな青紫の花をつけるレゴウシアである。伝説によると、ある日女神は映るものすべてが美しく見える魔法の鏡を落としてしまった。それを拾った羊飼いは、そこに映るおのれの姿に魂を奪われ、毎日飽かず眺め、若い妻には見向きもしなくなる。たまたまそれを見たクピドは腹を立て、羊飼いの手から鏡を奪い取ると、地面に叩きつけた。鏡は粉々に砕け散って、それぞれが小さな花になったのである。

チーゼル*

レゴウシア・ヒブリダ*

第 1 章 宗教と花

古代ローマの神と花についてはまだまだ述べたりないが、世界のほかの地方でもほかの神々が崇拝され、同じように植物や花がそれらの神々のものとされている。スカンディナヴィアではオークは雷神トールの保護下にあり、イラクサがトールに献じられた。やわらかい青紫のウッド・クレーンズビルは「オーディンの恩寵 Odin's Grace」として知られ、紺青色のトリカブトは、かぶとのような形の花が雷神トールを想わせるので、「トールの帽子 Thor's Hat or Helmet」と呼ばれていた。イチゴはフレイヤあるいはフリガのものである。ホウライシダやある種のコケもフレイヤのものだったが、どちらも「フレイヤの髪 Freya's Hair」と呼ばれた。ニワトコの木は愛の女神ホルダに、そしてトールにも捧げられ、おおいに崇め敬われた。

　異教の地にキリスト教がもたらされたとき、これらの神に捧げられていた花はどうなっただろう。それを知る前に、まずキリスト教の創始者イエス・キリスト自身の花について述べたい。

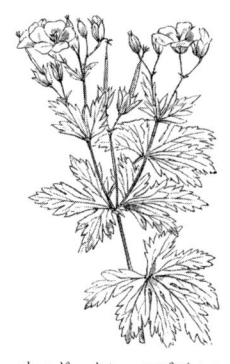
ウッド・クレーンズビル *

ホウライシダ *

第 2 章
主イエス・キリストの花

　時が満ちると、異教の暗闇の世界におおいなる光が輝き、救世主が生まれた。

　イエス・キリストが生まれたそのときから、そして地上にいた間ずっと、花は事実として、あるいは伝説としてイエスと関わりがあった。小さな黄色い花をつける甘い香りのヤエムグラ属の草（ガリウム・ウェルム）は、「聖母マリアの床藁 Our Lady's Bedstraw」あるいは「揺籃草 Cradlewort」として知られている。伝説によれば、生まれたばかりのイエスは、飼い葉桶の中に敷かれたこの草の上に寝かされた。昔の画家はキリスト降誕の絵にこのはかなげな草を描くことがあった。別の古い話では、飼い葉桶にはイガマメが満たされていた。これは、「聖なる干し草 Holy Hay」として知られているムラサキウマゴヤシに似た植物である。そし

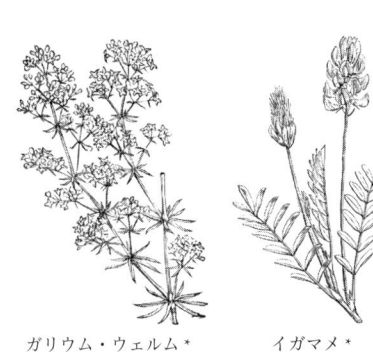

ガリウム・ウェルム*　　　イガマメ*

て礼拝に来た東方の三博士に、イエスをよく見てもらおうとマリアが抱き上げると、飼い葉桶の中のイエスの小さな頭があったところには、花輪が置かれていたという。

また伝承によれば、三博士が贈り物を捧げたときについて来た羊飼いの娘は、貧しくてイエスに何も贈れなかったので、馬小屋の外ですすり泣いた。

「花を摘んで来たかったのに、地面は雪で白く凍っています。私が捧げられるのは、私の愛だけです」。

すると突然天使ガブリエルが現れ、娘について来るよう命じた。天使が娘を寒く暗い夜の中へと連れ出し、立ち止まって凍りついた地面を叩くと、たちまちクリスマスローズが生え出て、花を開いた。羊飼いの娘は大喜びで花を摘むと、イエスのもとに急いだ。

三博士の贈り物のひとつ乳香は、インド産の木の樹脂で、あらゆる香りの中でもっともよい香りがすると考えられていた。没薬はインドおよびアラビア産の貴重な苦い樹脂で、死体に防腐保護処理を施すためにもちいられ、アラビア人の隊商によって運ばれた。

聖家族がヘロデ王の虐殺から逃げるとき、兵士に追われると、ビャクシンの木が腕のように枝を広げてマリアとその子イエスを包み込んだので、ふたりは隠れて難を逃れることができた。聖母マリアはこの親切な木を祝福する。そしてイタリアではこのできごとを忘れないよ

クリスマスローズ

うに、クリスマスの日に馬小屋と牛小屋にビャクシンの枝がつるされる。

聖家族の3人がエジプトへの逃避行で休んだところには、いずこにも「エリコのバラ Rose of Jericho」が花開いた。乾燥した砂漠地帯のこの奇妙な植物はアンザンジュで、花や葉や根が枯れると乾いて丸まり、風に吹かれるままに転がって、湿った所に行くと、あるいは雨に濡れるとそこにとどまる。そしてほどけて湿った土壌に種が落ち、新たに発芽する。そこで「復活草 Resurrection」とも呼ばれている。

聖家族はローズマリーの茂みにも隠れた。聖母マリアは幼子イエスの産着を洗うと、芳しい灰緑色の茂みの上に広げて乾かした。このすてきな伝説を聞いた中世の母親は、赤ん坊が守られて安らかな夢を見られるように、赤ん坊の揺籃にローズマリーの小枝を挿した。花はもともと白だったが、聖母マリアがその上にマントをかけるとみごとな青に変わったと言われている。大英博物館の古い写本によれば、その茂みは「ふつうイエス・キリストが地上にいたときの背丈を越すことはない。だからそれはもう高くはな

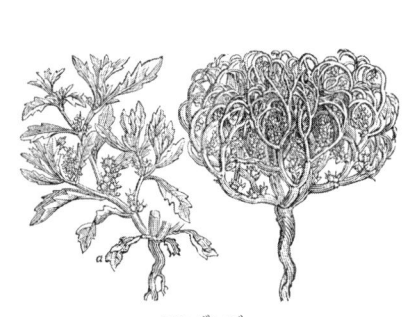

アンザンジュ
リンドレイ『植物の世界』(1853年)より

ローズマリー
『健康の園』(1491年)より

アルブレヒト・デューラー《エジプトへの逃避》1505 年

らず、横に広がるだけだ」。昔はこのように信じられていた。私たちの先祖はこのハーブを尊重し、多くの効能があると考えた。1525年に出版されたバンクスの『本草書』に見られる処方のいくつかは、今日でも使えるかもしれない。

　その花を摘んで粉にし、亜麻布に包んで右腕に結びつけておけば、気持ちが明るく陽気になるだろう。
　またその葉をベッドの下に置けば、悪夢にうなされることはないだろう。
　その香りをかげば、若さを保つことができる。

1597年に刊行された『本草書』の中で、ジェラードはこう断言している。「もしその花輪を頭に載せれば、頭がすっきりし、記憶力がよくなり、感覚が冴えて、気持よく楽しくなる」。結婚式では金色のリボンで飾ったローズマリーの小枝がもちいられ、柩には、小枝がそのまま投げ入れられた。サー・トマス・モアはローズマリーを愛し、次のように書いている。

　ローズマリーと言えば、庭の壁一面に這わせてある。ミツバチが好むからだけでなく、思い出とそれゆえ友情を表わすからだ。だからその小枝は言葉の代わりとなり、通夜のエンブレムに選ばれ、墓地に植えられるのである。

幼子イエスは成長し、パレスティナの道を歩いた。そこでヨウシュツルキンバイ——埃っぽい路傍に黄色い花を咲かせ、銀色のシダのような葉を地面に平らに広げる植物——は、「イエス・キ

リストの足跡 Footsteps of our Lord」と呼ばれている。

キリストは布教していた間、教えを説くのに草木をもちいた。その中に「野の花」がある。それは赤紫のマルタゴン・リリーであると主張する学者もいるが、今日一般には、パレスティナの路傍や野原に多く見られる紫、真紅、青、金色の輝かしい野生のアネモネだと考えられている。実際これらの一つに、「ソロモン王の栄華」が比べられたのだと思われる。

「風にそよぐ葦」はおそらく聖地、とくに死海のほとりに多く見られるきわめて丈の高いダンチクだろう。てっぺんに大きな穂状の花をつける。しなやかなので、風に吹き倒されてもすぐにまた跳ね上がる。それから野生のカラシの種。暑く土壌がゆたかなパレスティナでは、生長すると「馬に乗った人ほどの高さ」にもなるので、鳥が止まりに来るのだった。ブドウの木、イチジクの木、イバラやアザミ、毒麦と小麦、果樹と果実——すべてがイエスのたとえにもちいられている。パリサイ人はハッカ、イノンド、ウイキョウにかけられたわずかな十分の一税はこせこせと払うが、律法の中のもっと重要な正義、慈悲、誠実をないがしろにしている、とイエスは非難した。

「ナルド」は、マグダラのマリアがイエスの足に塗った貴重な香油、めったにないもっとも高価な香油だった。はるかなヒマラヤの高地に育つ植物カンショウの根から調製したものである。蒸留の費用は計算に入れなくとも、そのような

ヨウシュツルキンバイ *

フィリッポ・リッピ《幼子キリストの礼拝》(下:部分図) 1459 年
ベルリン国立美術館

ヴェンツェル・ホラー《キリストのエルサレム入城》17世紀
群衆はナツメヤシの葉やオリーヴの枝を手にキリストを迎えた。

遠いところから運ばれるというだけで、香油は高価だっただろう。これはおそらくマグダラのマリアの一番の宝物で、何年間もアラバスターの箱にしまわれていたものにちがいない。

　苦悶の時が近づくと、イエスは「弟子たちと一緒にキドロンの谷の向こうへ出て行かれた。そこには園があり、イエスは弟子たちとその中に入られた」(ヨハネによる福音書第18章第1節)。次の節にあるように、「イエスは、弟子たちと共に度々ここに集まっておられた」。そしてそのゲッセマネの園についてはひとつの伝説がある。イエスが歩くと、花はすべてつつましく頭を下げて会釈したが、高慢なヨウラクユリだけは白い花を頑固に持ち上げていた。イエスはその花にやさしく手を置いて、こう戒めた。「ユリよ、ユリよ、そんなに高ぶるものではない」。するとヨウラクユリは恥ずかしさに赤くなって頭（こうべ）を垂れた。花びらのつけ根には涙がたまっていたが、落ちはしなかった。今日ヨウラクユリはふつう赤か黄色で、純潔の色は失われている。そしてうつむいた花の奥を覗くと、真珠のような涙が見える。

　ローマ総督官邸で、ローマ兵はイエスを「ユダヤ人の王」と嘲り、赤あるいは紫の外套を着せ、右手にはアシ（湖や川のほとりに生えるガマ）の棒を持たせ、頭にはイバラの冠を被せた。さまざまな植物がこの冠になったと指摘されてきたが、もっとも一般的に考えられているのは、とげの多い藪を意味するバックソーン Buckthorn（セイ

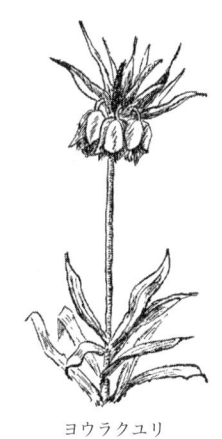

ヨウラクユリ

《エジプトへの逃避途上の休息》
『ベリー公のいとも豪華なる時禱書』(15世紀フランスの写本) より
シャンティイ、コンデ美術館

聖家族に樹木が枝を差しのべ、一行はその実で飢えをしのいだという。この木はナツメヤシとされることが多いが、この絵ではビャクシンのように見える。また、幼子キリストは子供の姿で描かれている。

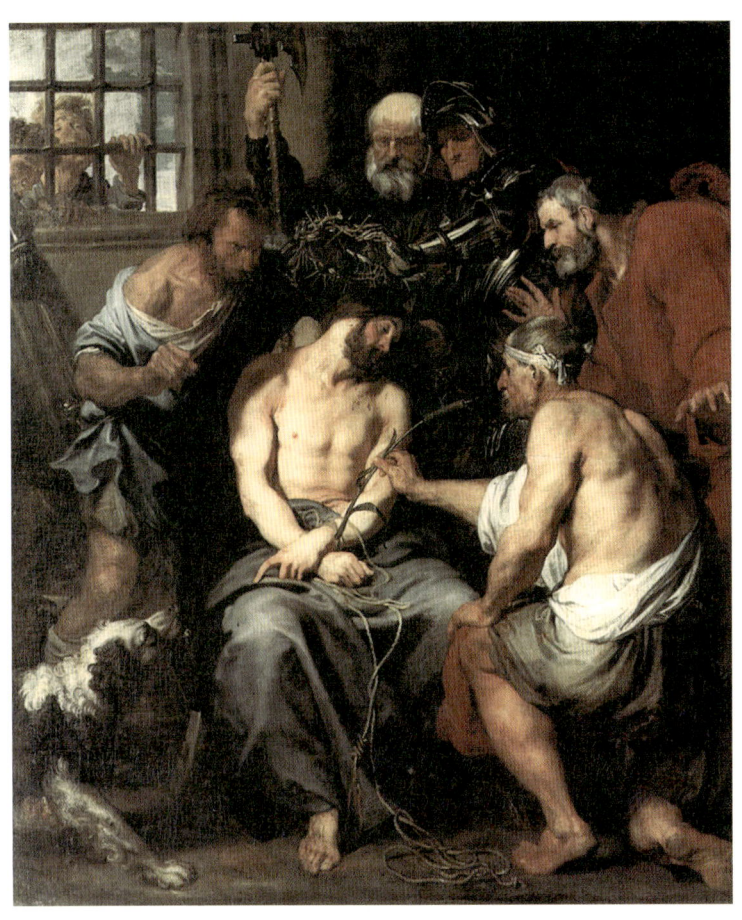

ヴァン・ダイク《茨冠のキリスト》1620年頃
マドリード、プラド美術館

ヨウクロウメモドキ）である。しかし、「カルヴァリの木 Tree of Calvary」、「キリストのイバラ Christ's Thorn」と呼ばれるセイヨウハマナツメも有力だ。この木は生長すると、丈は低いが横に広がり、枝はしなやかだがとげだらけである。そのさまざまな種類がユダヤではよく見られた。ユダヤ戦記の著者ヨセフスは次のように述べている。「このイバラには、ほかの何よりも鋭いとげが生えるので、これを被せられればほかの何よりもイエスは苦しんだだろう」。

　十字架の木としてはさまざまな木が取り上げられてきた。ヒマラヤスギ、ナツメヤシ、イトスギ、オリーヴ、マツ、オーク、ポプラ（ヨーロッパヤマナラシ）、ビャクシン、ツゲである。そして4種類の木で作られたという説も出ている。

　　足はヒマラヤスギに、手はナツメヤシに打ちつけられ、
　体はイトスギに支えられ、罪状が書かれた札はオリーヴだった。

この手の込んだ作りは、考案されたことはあったにせよ、磔刑が急いでおこなわれた情況下では明らかに不可能だったろう。いつまでも伝説になっているのはポプラで、おそらく葉が震えるように揺れ動くからだ。

　　　　あがない主のキリストが
　　　従順に頭(こうべ)を垂れて死に赴いた
　　　　　聖なる十字架は
　　　　ポプラの木で作られた

> その時以来
> 青ざめた木はそのすべての子孫に
> 震える意識、ひそかな畏れを伝え
> その葉を揺らぎやすくした
> 　軽いアザミの冠毛も
> 　光り輝く蜘蛛の糸も
> 風に揺らぐことはないときも
>
> 　　　　フェリシア・ヘマンズ

　没薬には麻酔作用があり、救世主イエス・キリストがいよいよ十字架にかけられるときになって、苦しみを和らげるために「没薬(もつやく)を混ぜたぶどう酒を飲ませようとした……」(マルコによる福音書第 15 章第 23 節)。しかしイエスは断る。父なる神に与えられた受難の盃を飲み干そうとしたのである。十字架の下に生えていた小さなランは、傷口から滴る血にまみれたので、ゲッセマネと呼ばれるようになった*。

> *イエスがゲッセマネの園で祈りを捧げた際、「汗が血の滴るように地面に落ちた。」(ルカによる福音書第 22 章第 44 節)という聖書の記述がある。

　すべてが終わり、キリストの聖なる遺体が下ろされたとき、ニコデモは埋葬するために没薬と沈香(じんこう)を 100 リトラばかり〔およそ 50 kg〕持ってきた。そして女たちはハーブから作られた香料を準備した。

　「イエスが十字架にかけられたところには園があり、そこには、だれもまだ葬られたことのない新しい墓があった。……そこにイエスを納めた。」(ヨハネによる福音書第 19 章第 41-42 節) ……イエスは木や花や鳥の歌に囲まれていた。

ラファエロ《十字架のキリストと聖母、聖ヒエロニムス、
マグダラのマリア、聖ヨハネ》1502-3 年頃
ロンドン・ナショナル・ギャラリー

キリストの受難を表すポプラの木が背景に描かれている。

「受難の花 Passion Flower」、すなわちトケイソウはペルーの野草である。17世紀にイエズス会の宣教師がヨーロッパ人として最初にこの花を見つけた。宣教師はこの花を「受難の花」と名付け、その各々の部分によってキリストの受難をつぶさに伝えた。素朴な人々の心には、磔刑の物語がしっかりと刻み込まれたことだろう。

　　5つの切れ込みのある葉は、キリストの迫害者の手を象徴している。莢は酢に浸された海綿で、巻きひげはイエスを苦しめた鞭や縄。
　　5枚の萼片と5枚の花弁は10人の弟子を表わす。師たるイエスを知らないといったペトロと師を裏切ったユダは除かれる。
　　花の中央にある子房柱はキリストがつながれて鞭打たれ

象徴的に描かれた
イエズス会のトケイソウ（1616年）

トケイソウ

た柱を表わす。

3本の花柱は、キリストを打ちつけた3本の釘。

5つの葯は、5カ所の傷。

花糸はイバラの冠。

コロナのような糸状の副花冠は聖なるキリストの光背。

青い色は天。

そして3日という花の命は、復活するまでの時間を表わす*。

> *日本で栽培される品種には1日で萎むものが多いが、トケイソウ属は熱帯アメリカを中心に約500種が分布するため、開花習性が異なるものもあるのかも知れない。

　裏切り者の弟子は、さまざまな木で首を吊ったと言われている。ニワトコ、ポプラ、タマリスク、イチジク、あるいはその名も「ユダの木 Judas Tree」(セイヨウズオウ)。ユダの木は春になると裸の幹や枝が小さな赤紫の花で覆われ、すばらしい景観を呈する。自殺と結び付けるには美しすぎるようだ。

第 3 章
聖人の背景

　キリスト教の出現にともない、宗教的な変化転用が起こった。人々の心は異教の礼拝や風習から引き離され、新たな宗教へと向けられた。それがどのようにおこなわれたかを、簡単に振り返りたい。

　キリストの死後1、2世紀の間に、キリスト教は弾圧されたにもかかわらずローマ帝国中に広まった。しかし4世紀の初頭、皇帝ディオクレティアヌスの下で大規模な迫害がおこなわれる。迫害は忠実な信徒にとって、殉教を意味した。「殉教者の血は教会の種子である」と述べたのは誰だったろう*。この言葉の背景には、迫害だけでなく教会の後の歴史があり、聖人の人物像はそうした状況の中で考察されなければならない。コンスタンティヌス帝はキリスト教を信じ、死の床で洗礼を受けたとも言われるが、西暦324年に古代ローマ世界で唯一の皇帝となる。以後ローマ帝国の公式の宗教はキリスト教となった。

> *2世紀頃の教父、テルトゥリアヌスの言葉。迫害に遭い殉教の死を遂げるキリスト教信者が多くの異教徒を感動させて改宗させる様を、播かれた種子が多くの実を結ぶことにたとえている。

　ブリテンで最初に説教した者は知られていない。おそらくロー

マ兵の中にキリスト教徒がいたのだろう。しかし聖アルバヌスが3世紀にブリテン島で殉教し、4世紀には聖パトリキウス（パトリック）がアイルランドで布教し、563年には聖コルンバヌスがスコットランドに向けて船で旅立った。

ローマの市場で金髪の子供たちが売られているのを見て、グレゴリウス1世が宣教師としてアウグスティヌスと40人の修道士をブリテンに派遣したのは、596年から597年にかけてである。教皇の指示からは、人々をキリスト教に改宗させた方法がうかがえる。改宗に必要不可欠な要素は2つだけ、つまり信仰と洗礼である、と教皇は述べている。突然過去を断ち切ることも、激しい変革あるいは強制もしてはならない。人々の伝統に背くことは、修道士は避けなければならない。異教の祭はキリスト教の祝祭に統合し、神殿は残してキリスト教の礼拝にもちい、以前の儀式は新たな儀式に取り込み、キリスト教的な方向へと向けることだ。

これらの賢明な原則に則って、アウグスティヌスとその後継者は布教をおこなった。古い考えに新しい考えを接木し、すでに知られていることになじみのないことを関連づけて、次第に新しい結びつきを作り、こうして古い神への忠誠から人々を徐々に引き離した。このようなキリスト教化の中で、アウグスティヌスがブリテンに来てから1500年近くたった今日でも、曜日の名称に異教崇拝の痕跡が見られるのは興味深い。Sun-day（Sunday：日曜）、Moon-day（Monday：月曜）、Tiw's-day（Tuesday：火曜）、Woden's-day（Wednesday：水曜）、Thor's-day（Thirsday：木曜）、Freya's-day（Fryday：金曜）、Saturn's-day（Saturday：土曜）のうち、ハイフンの前は土曜だけがラテン語で、あとはスカンディナヴィア語である。

異教の祭礼、慣習、そして神殿が取り入れられるとともに、花を捧げる対象も異教の神々から新しい宗教の聖人へと変わった。たとえばスカンディナヴィア神話でどちらも太陽を表わす光と平和の神バルドルと光と夜明けの神ヘイムダルの花は、真夏に祝祭がおこなわれる洗礼者聖ヨハネに捧げられ、「セント・ジョンズ・ワート　St. John's Wort」と呼ばれるようになる。「トールのひげ　Thor's Beard」と言われたヤネバンダイソウは、「聖ゲオルギウスのひげ　St. George's Beard」になった。「トールのかぶと　Thor's Helmet」に関しては、修道士はその暗青色のトリカブトが自分たちのフードに似ていると考え、「修道士のフード　Monk's-hood」と改名した。

　古い神々のものだった花の大部分が、聖母マリアの花とされた。フレイヤやウェヌスのような偉大なる女神は、人々の心をしっかりつかんでいたので、追放した後に空白を残すわけにはいかなかったのである。修道士がよく知っている何か別の偉大なる崇拝の対象と置き換えることによってしか、それらの女神を追い払うことはできなかった。ここに聖母マリア以上にふさわしい対象が

ヨウシュトリカブト　　　　ナガミノセリモドキ

第3章 聖人の背景

あろうか。聖母マリアは異教の女神の座に歩み入り、女神に献じられていた花は聖母マリアに捧げられるようになる。とりわけスカンディナヴィアと古代ローマの女神の花が引き継がれた。ホルダ、フレイヤ、ウェヌスの花だったバラは、聖母の花になる。「ユノのバラ Juno's Rose」（白ユリ）、「フレイヤの髪 Freya's Hair」（ホウライシダ）、「ウェヌスの櫛 Venus's Comb」（ナガミノセリモドキ）、そのほかきわめて多くの花が聖母マリアに捧げられた。以前はローマ神話の花の女神フローラに捧げられていた 5 月という月でさえ、聖母マリアの月になったのである。

　7 世紀のイングランドにはすでにキリスト教信仰が行き渡っていた。それ以後ヨーロッパ大陸と同様に教会が人々を支配し、教え導いた。教会がどれほど完全に文盲の民衆を支配していたか、現代の私たちにはなかなか理解できない。誕生から死まで、教会は中世の人間のめんどうを見た。洗礼を施し、結婚させ、埋葬した。教会の期節と祝祭日が 1 年の季節の変化のしるしとなった。日々の時刻を告げるのは教会の鐘で、礼拝の時、仕事を始める時と終える時に鳴る。教会の身廊の空いた場所で人々は商談をした。その壮観でドラマティックな礼拝は、参列者全員の想像をかきたてずにはおかない。貧しい人々のつつましい住居の上に高々と聳える教会には、福音書の物語を表わす彫刻、絵画、ステンドグラスが飾られ、丸天井の美しい空間には、光や芳香、音楽、豪奢な旗や礼服が満ちあふれていた。大教会は、さながら天国を垣間見るようであったにちがいない。

　イエス・キリストの生涯のできごとと教えは、彫刻や絵画で表現された。族長、預言者、使徒、司祭、聖人、殉教者が像に刻まれ、またステンドグラスにも表わされて、永遠不滅の存在となる。

《中世のハーブ園》
『蒸留法についての書』(1500年) より

第3章 聖人の背景　39

美徳と悪徳とが壁に描かれた。そして教会の中を見て歩けば理解できるように、数多の方法で信仰が説かれ強調された。

教会は人々の心の世話をしただけでなく、病気の治療もした。いくばくかの治療の知識を持っていたのは修道士だけで、修道院の薬草園には、治療に必要なハーブや薬草が植えられていた。サクソン人の先祖にとって、ハーブは「木ではない植物」で、花の咲くハーブは「花の咲く草」だったことに、ここでは留意したい。wort は草という意味で、St. James's Wort は「聖ヤコブの草」、Woundwort は「傷を治す草」だった。garden（庭）はかつては gearden で、geard（囲い地）の複数形であり、orchard（果樹園）はもともと wyrt-geard あるいは wort-yard だった。

修道院の庭はふつう長方形で、壁あるいは密生した生垣に囲まれていた。中央にはしばしば井戸あるいは貯水池があり、その回りにハーブの細長い花壇(ベッド)がある。果樹も花壇で栽培され、あるいは囲いにとめられた。そして 13 世紀あるいは 14 世紀には、おそらく盛り土をしてハーブを植え、奥まったところには芝生を植え、切り出してベンチの座に張った〔当時のベンチは煉瓦や石を積み上げ、土を盛り、その上に芝を張ってシートとした〕。もし別に庭がなければ、教会の聖具保管係がここで花も栽培した。というのもキリスト教徒は礼拝を美しいものにするために、最初から異教の伝統に従い、教会、祭壇、彫像、そして司祭までも、花で飾ったからである。この慣習は長年にわたって続いた。15 世紀になってさえ、ロンドンのセント・メアリー・アト・ヒル教会の教区委員の会計報告書には、「聖バルナバの日の司祭や聖職者のための花輪」が記載されている。1512 年の具体的な項目には、「聖バルナバの日のバラの花輪とラヴェンダー」が挙げられている。

ディーリック・バウツ派《聖母子》15世紀

しかし聖具保管係の修道士が、教会に花を捧げるために特別な小さな庭を持っていることもあった。ウィンチェスター大聖堂の聖母礼拝堂近くには壁で囲まれたそのような庭があるが、9世紀以来のもので、「楽園 Paradise」——これらの中庭の呼び名——として知られていた。そして「イートン・カレッジの教会の儀式にふさわしく役に立つ木や花を植えるように」という遺言によって、ヘンリー6世は同教会に同様の庭を遺す。またその庭には「見張るのによい塔のついた十分に高い壁」をめぐらすようにとも指示していた。賢明な警戒措置である。当時の聖具保管係にとって、花の種類はそれほど多くはなかった。バラ、ヒナゲシ、ユリ、ア

《園芸と花冠つくり》
『ホルトゥルス（小楽園）』（1512年）より

イリス、スミレ、シャクヤクだけで、ほかの国から紹介された花で庭がゆたかになったのは、エリザベス1世の時代からである。しかしこれらのわずかな種類の花はその目的には十分で、すべてが飾って美しく薬効もあった。

　このような小さな庭は、何と安らぎに満ちていたことだろう。その石や煉瓦の壁の中は世間から隔絶し、静かで、陽光が降り注ぎ、芳しい香りがする。暖かい午後には蝶が花から花へと舞い、蜜蜂の羽音は夢うつつの世界へといざなう。修道士が黙想するためにしばしばそこに引きこもったとしても、不思議ではない。花やハーブや木に囲まれて修道士は神に近づき、それら神の創造物の中で神をあがめた。聖人が生まれるのに、庭は重要な役割を果たしたに相違ない。

ドメニコ・ヴェネツィアーノ《聖母子像》1440年頃
（下：部分図）
フィレンツェ、ヴィラ・イ・タッティ

聖母が手にする小枝は、ポプラのようにもセイヨウボダイジュのようにも見える。

ダニール・セーヘルスと
シーモン・デ・フォス
《バラの花環の中の聖家族》17世紀
ホーヘンブーヒャウ画廊

この花環には装飾という機能以上に、バラの花冠としてのロザリオ信仰と聖母との結びつきが認められるという。

第 4 章
聖母マリアの花

　ヨーロッパの教会や大聖堂では、しばしば聖母マリア像は感謝の念から寄進された高価なローブや衣装をまとっている。とりわけスペインでは、聖母マリアの衣装は非常に多くて、保管場所の聖具室の多くの棚、引き出し、戸棚が満杯になることもあった。そして行列して運ばれるときには、宝石で飾られてまばゆいばかりに壮麗な姿となる。まことに天の女王である。この堂々とした様子は今日でも変わらない。

　イギリスの教会でも聖母マリアが美しい衣装をまとっていたことは、まちがいない。しかし何世紀にもわたって素朴な田舎の人々は、まったく異なる種類の衣装を捧げてきた。人々が文字を知らない中世の間、宗教の教えは説教によって広められた。修道士はイエス・キリストのように田舎に布教に行き、日常生活の中にあるものを教えに採り入れた。こうしてつつましい野の花でさえ、教会の礼拝に持ち込まれたのである。聖母マリアの衣装と装飾品は野原や道端のもので、その装いは想像力と詩と愛によって織り上げられたものだった。

　今日簡単に「Lady's 〜」と呼ばれている花は、以前には「Our Lady's（聖母マリアの）〜」と呼ばれていた。宗教改革で清教徒(ピューリタン)が、

これらのすばらしい献辞を「教皇のたわごと」として笑いものにした後、その非常に多くが失われてしまった。花には新しい名前が与えられ、古い言い伝えは忘れ去られたのである。たとえばブラック・ブリオニー（Black Bryony）。生垣にかかる真紅のベリーが連なるさまが数珠のように見えるので、「ロザリオ Rosaries」として知られていたが、清教徒はその名を「猫のロザリオ Cats' Rosaries」に変えてしまった。

　さて宗教改革前には聖母マリアは、花を身につけていた。「聖母のマント Our Lady's Mantle」は黄緑の花が咲くアルケミラ（ハゴロモグサ）で、その腎臓型の葉には美しい切れ込みが入っており、肩のまわりにかけられた緑のケープを思わせる。「聖母のナイトキャップ Our Lady's Nightcap」は、野生のサンシキヒルガオあるいはヒロハヒルガオのはかない白い花で、1日しかもたない。その昔はこの植物に薬効があるとされたが、16世紀の有名な本草家ジョン・ジェラードは、「無益な草で、隣に生えるものに害になり、これを使うのは、無法な薬売りやいんちき医者、老婆の

ブラック・ブリオニー* 　　　　ヒロハヒルガオ* 　　　　リボングラス*

シモーネ・マルティーニ《受胎告知》1333年
フィレンツェ、ウフィッツィ美術館

大天使ガブリエルはオリーヴの冠をかぶり、手には白ユリの代わりにオリーヴの小枝を持っている。これはユリが宿敵フィレンツェの紋章だからといわれ、シエナ派の絵画に特有の図像である。

ガウデンツィオ・フェッラーリ《受胎告知》1512-13 年頃
ベルリン国立美術館

魔術医や薬の乱用者とかペテン師などである」と述べている。

　田舎の庭によく見られる縞模様のリボングラスは、「聖母のリボン　Our Lady's Ribands」あるいは「聖母の靴下留め　Our Lady's Garters」で、メドウスイート（Meadowsweet：セイヨウナツユキソウ）は「聖母のガードル　Our Lady's Girdle」である。この花の別名はブライドワート（Bridewort：花嫁草）で、結婚式で花嫁の前に撒き散らされた。ジェラードは次のように述べている。「メドウスイートの葉と花は、夏に家に飾り、寝室や玄関ホールや宴会場に撒き散らすのに、ほかのどのハーブよりもよい。というのもその香りは気分を明るく楽しくさせ、五感を高めるからだ」。そして同時代の同様に偉大なる本草家ジョン・パーキンソンによれば、「今は亡きかのエリザベス女王は、寝室に撒くのに、どの甘い香りのハーブよりメドウスイートを好まれた」。

　「聖母のレース　Our Lady's Laces」は繊細な赤い蔓だが、このネナシカズラの仲間は寄生植物で、ヒース、ホップ、アマ、クローバー、そのほかの植物に寄生する。「聖母の上靴　Our Lady's

メドウスイート *　　　　　　「聖母のレース」*

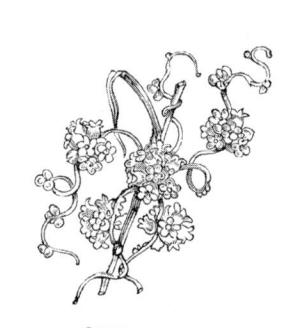

Slippers」(セイヨウミヤコグサ)は草地や道端をおおうように生え、小さな黄色のあざやかな花をつける。また茶色と緑のカラフトアツモリソウも「上靴蘭 Slipper Orchid」と呼ばれている。

ハナタネツケバナが、「聖母のスモック Our Lady's Smocks」と呼ばれるのは、一説には、聖母マリアが日光に晒そうと広げた洗いたての亜麻布の色に、その花が染まったからだと言われている。別の説は、聖母のスモックがその花の色だったからというもので、それはシェイクスピアによって申し分なく記されている。「レディ・スモックは白一面に」(『恋の骨折り損』より。安部薫訳)。

人々が聖母マリアに捧げた花にこめられた愛と信心は、ヘップワース・ディクソン〔19世紀イギリスの歴史家、旅行家〕によれば、ナザレの花に囲まれて過ごしたマリアの穏やかな生活と関連している。ディクソンは以下のように述べている。

　　まだ若く悲しみを知らないマリアが、この日当たりのよ
　　い丘の斜面で幸せな時代を過ごしたと聞くと、そこここに

カラフトアツモリソウ*　　　　ハナタネツケバナ*

第4章 聖母マリアの花

ラファエロ・サンツィオ
《棕櫚のある聖家族》1506年頃
ロンドン、エルスメア・コレクション

聖ヨセフが差し出す野イチゴは、その白い花が聖母マリアの純潔を、三つに分かれた葉が三位一体を表すとともに、果実の赤い色がキリストの受難をも想起させる。

ラファエロ・サンツィオ
《牧場の聖母（聖母子と洗礼者聖ヨハネ）》1506年
ウィーン美術史美術館

ヒナゲシの花は、その際立つ赤がキリストの流した血を連想させ、受難のシンボルとされる。

咲き乱れるヒナギク、ヒナゲシ、アネモネの間を彼女が今も歩いているように思え、われわれは聖母マリアをすべての花の守護者とした。聖母マリアはわれらが「シャロンのバラ」、われらが「谷間のユリ」である。ヨーロッパの人々の信心にも劣らぬ詩心は、野原や垣を彩る花のすべてを聖母マリアに献じた。

したがって聖母マリアの花を見つけては思い浮かべるのは、天の壮麗な女王としてのマリアよりも、むしろナザレで素朴な幸せな生活を送っていた若い母親としてのマリアである。

「聖母の指貫 Our Lady's Thimble」は繊細なイトシャジンで、青い花が咲く。その青はマリアのマントの色と言い伝えられている。「聖母の手袋 Our Lady's Gloves」は 2 種類あって、カンパヌラと、キツネノテブクロ(ジギタリス)である。ちなみに「キツネノテブクロ foxglove」は手袋のことではなく、「キツネの音楽」という意味の foxglew が転訛したもの。おそらくキツネが出没するあ

イトシャジン *　　　　キツネノテブクロ *

たりでは釣鐘型の花の尖塔が音楽を奏でる、と思われたのだろう。手袋をはめた聖母の指は、ぎっしり花をつけるキドニー・ヴェッチである。この植物には多くの名前がつけられた。古代には「ユピテルのひげ Jupiter's Beard」あるいは「銀色の茂み Silver Bush」として知られ、それから聖母マリアのものになった。そして宗教改革の後には格を落とされ、「子羊の蹄の先」、「手の指」、「卵とベーコン」、「オーバーシューズとクロッグ〔主として木の厚い底を持つ靴〕」、さらには「ブタのペチコート」とさえ呼ばれた。

聖母マリアにこれらの花すべてを捧げることになったのは、修道士が教えたからだろうか、あるいは田舎の人々が思いついたのだろうか。聖母の化粧室に通ったのは、きっと村の主婦や娘にちがいない。主婦や娘は聖母マリアに「ウェヌスの鏡 Venus's Looking-glass」（レゴウシア）や「ウェヌスの櫛 Venus's Comb」（ナガミノセリモドキ）を捧げ、フクシアを「聖母の耳飾り Our Lady's Eardrops」にした。「聖母の髪 Our Lady's Hair」はコバンソウの仲間だが、その黒くしなやかで丈夫な蔓が、すてきな髪のように見えたからである。一方、「聖母の三つ編み Our Lady's Tresses」は野生のランであるネジバナの仲間で、1本のほっそりした茎に花と包葉が重なり合って螺旋状につくので、三つ編みの髪、あるいはおさげに似ている。

衣服をまとい、鏡の前で髪を梳り、聖母マリアは鍵を身につける。「鍵」（Our Lady's Keys）はカウスリップかプリムラで、うなだれる頭状花が鍵束のようだ。それから「クッ

「聖母の三つ編み」*

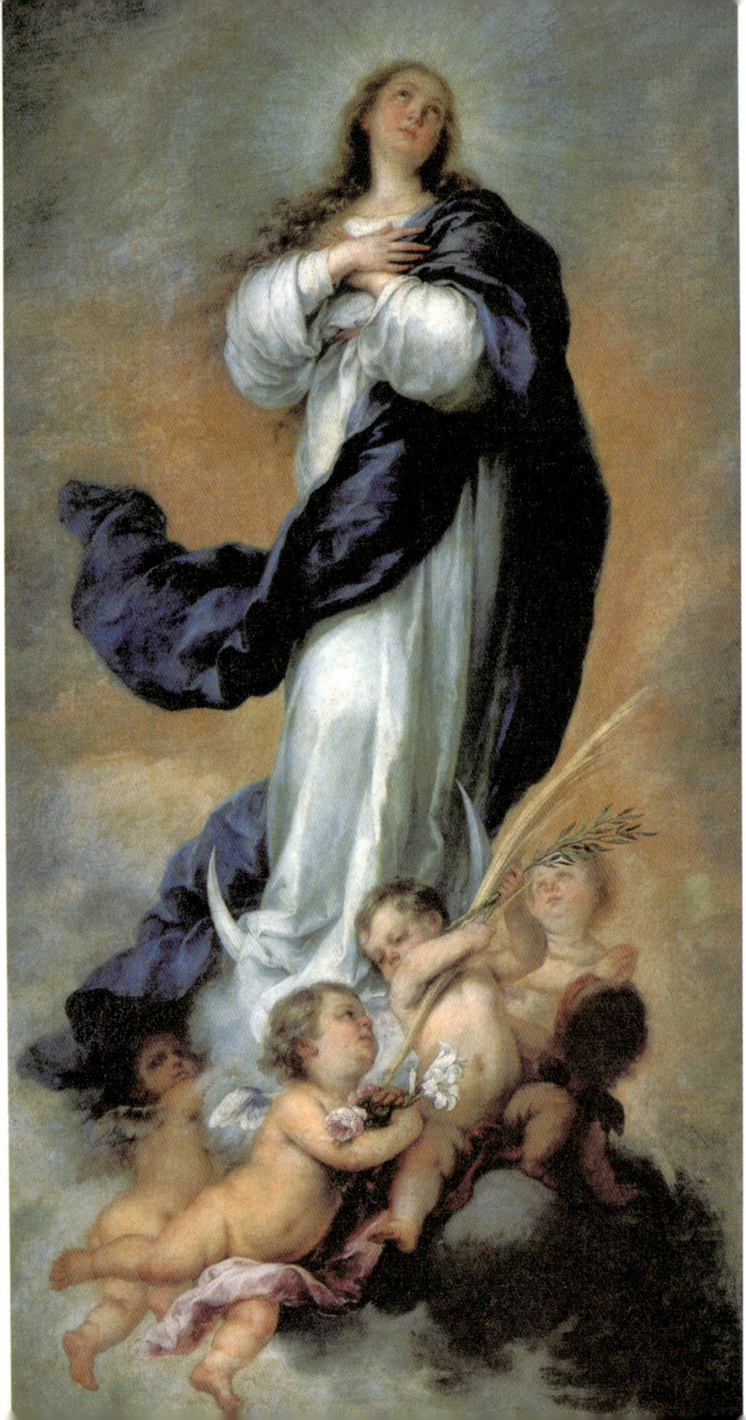

ション」(Our Lady's Cushion)も携える。小さなピンクの花が密集しているハマカンザシ(アルメリア)だが、厳格にして実用主義の清教徒は、「花数多 Thrift」と呼んだ。「財布」(Our Lady's Purse)はスベリヒユの緑の葉、「燭台」(Our Lady's Candlestick)はプリムラで、なるほど枝分かれしている。また「印章」(Our Lady's Seal)もある。一般的には「ソロモンの封印 Solomon's Seal」として知られていて、根を切断すると印章の刻印さながらヒエログリフのようなしるしが現われるアマドコロ属の一種である。

「ソロモンの封印」*

こうして支度が整うと、聖母マリアは「乙女の木陰 Virgin's Bowe」へ出かける。これは「旅人の喜び Traveller's Joy」とも呼ばれた野生のクレマチスに、ジェラードが与えた名前である。クレマチスは生垣に這い登り、冬には「老人のひげ Old Man's Beard」と呼ばれる灰色のふさのような種で生垣を飾る。そして生垣といえば、小さな青い花をつけるグラウンド・アイビーが思い出されるだろう。それは「聖母のハーブ Herb of the

前頁：
ムリーリョ《無原罪の御宿り》1670-80 年頃
マドリード、プラド美術館

「無原罪の御宿り」は、聖母マリアが生まれながらにして原罪を免れた存在であるとする思想で、17 世紀スペインの画家たちが好んで絵画化した。ここでは聖母を表す植物としてナツメヤシとオリーヴの枝、白ユリ、バラが描き込まれている。

「乙女の木陰」*

第 4 章 聖母マリアの花　57

Madonna」で、その名の謂れは、息子イエス・キリストに帰せられるかもしれない。というのもその別名のひとつが「神はいずこへ」という意味だからである。

　木陰の外にはスペアミントが生えていただろう。もともと「ウェヌスの冠 Crown of Venus」と呼ばれていたが、後に「聖母マリアのハーブ Herba Sancta Mariae」となる。また「聖母の小さなブドウの木 Our Lady's Little Vine」つまりパセリも、一株に赤い花と青い花が入り混じって咲くラングワートも生えていただろう。ラングワートの花は「聖母の涙 Our Lady's Tears」として知られる。そして青は聖母の瞳の色、赤は泣いたために赤くなった目の色とも言われている。スズランの鈴も「聖母の涙 Our Lady's Tears」とみなされた。「聖母のアザミ Our Lady's Thistle」の伝説は、聖母が赤ん坊のイエスに乳を飲ませていたときに、かたわらにあったオオアザミの葉の上に乳がこぼれ、それ以来その葉には白い筋がついたというものである。

　このようにさまざまな花を聖母マリアに捧げることになったの

グラウンド・アイビー *　　　　ラングワート *

は、人それぞれに聖母マリアに対する強い思いがあったからで、田舎のつつましい人々にとって、聖母マリアは喜びも悲しみも打ち明けられる親愛なる心の友だった。野原でいつも聖母を思い、聖母の花を見た。そして日々の生活の中で見出した素朴な美しい花を、すべて聖母に捧げたのである。しかし聖母はまたもっとも偉大なる女性、神の母、天の女王だったので、その祝祭はしかるべく堂々と厳粛にとりおこなわれた。

聖人にはそれぞれ特別の花があったが、聖母マリアのエンブレムは主として、純潔を象徴する白いユリで、マドンナ・リリー（聖母のユリ）とも呼ばれている。これは中世を通じて単に「ユリ」として知られていた。そしてその花について申し分のない記述のひとつを残したのは、13世紀の学者バルトロマエウス・アングリクスで、ユリの輝かしい美しさをとらえ、こう表現している。「ユリは白い花をつける。その花弁は白いが、内側は金色に輝いている」。受胎告知の絵には、たいてい花を三つつけた1本のユリが描かれた。それは花瓶に挿してあるか、あるいは天使ガブリエルが持っている。そして聖母マリアの御訪問の祝日には、聖母マリアの祭壇とその像にユリが飾られた。尊者ベーダ〔673頃-735、英国の聖職者・歴史家。幅広い学識を有し、『イギリス教会史』などを著した〕は、白ユリについて、聖母マリアの復活にふさわしいエンブレムであると述べている。純白の花弁は穢れなきその肉体を象徴し、内部の金色の蕊は神々しい光で輝いているその魂を表わす。それゆえユリはマリアの被昇天の花でもある。

聖母マリアの清めを祝う聖燭節（せいしょくせつ）には、「聖燭節の鈴 Candlemas Bells」としても知られているスノードロップがもちいられる。そしてその白い花輪を飾った乙女が行列して歩くのにちなみ、この

第4章 聖母マリアの花　59

小さな花は「2月の乙女 Fair Maids of February」とも呼ばれる。聖母マリアの像が祭壇から下ろされ、祭壇にスノードロップが撒き散らされるところもあった。聖母マリアがいとこのエリザベツを訪問したとき、マリアが歩んだ跡にスノードロップが咲いた、という伝承もある。この聖燭節は転化の一例である。古代ローマ時代には、軍神マースの母フェブルアに敬意を表して、2月2日の夜に人々が灯りを持って行列して歩いた。教皇セルギウスが、キリスト教徒は聖母マリアに敬意を表して蠟燭を捧げるべしと命じたので、古い慣習が聖なる祝祭となったのである。

　キンセンカ（マリゴールド：Marigold, Marygold）は聖母マリアに捧げられた。この花を含む仲間はカレンドゥラ属〔*Calendula*：各月の最初の日を意味するラテン語 calendae に由来〕と呼ばれるが、イタリアでは1年中咲いており、月初めにも決まって咲いているからだ。そこで聖母マリアのそれぞれの祝祭に、とりわけ受胎告知にもちいられた。しかしイングランドでは、いずれにしても受胎告知の頃に咲くことはほとんどありえないので、代わりにユリがもちいられたのである。

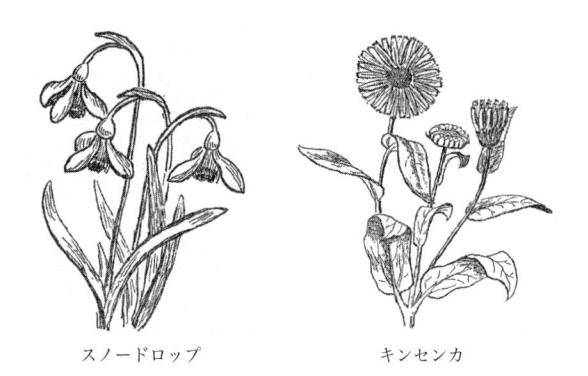

スノードロップ　　　　　キンセンカ

聖母マリアの花はたくさん見てきたが、マリアの夫聖ヨセフの花は何だろう。どんな花が捧げられたのだろうか。

　聖ヨセフの花は少ない。ヨセフは、白ユリを聖母マリアと分かち合うことがある。この花は「聖ヨセフのユリ　St. Joseph's Lily」とも呼ばれているからだ。白いカンパヌラが「聖ヨセフの小さな杖　St. Joseph's Little Staff」、セイヨウキョウチクトウは「聖ヨセフの杖　St. Joseph's Staff」として知られている。セイヨウキョウチクトウに関しては、次のような伝説がある。天使——ガブリエルだろうか——が、ヨセフこそがマリアの夫となる者だと告げるまで、ヨセフが持っていたのはふつうの杖だった。天使のお告げを聞いて、ヨセフが喜びに包まれたので、握っていた杖に花が咲いたのである。

第 5 章
聖人とそのエンブレム

　ラヴェンナのサンタポリナーレ・ヌオヴォ聖堂の 6 世紀に改修された身廊は、ビザンティン時代の神々しいモザイク画で飾られており、そこには聖人が並んでいる。金色に輝く背景に描かれたヤシの木立の中を、白いローブをまとった聖女たちが殉教の冠を手に、聖母マリアと幼子イエスに向かって、ゆっくり厳かに緑の草を踏んで行く。聖女の足下にはユリや赤いバラが咲いている。聖女の列と対になるのが、反対側の壁に描かれた老若の男性殉教者の同様な列で、あがない主イエス・キリストに向かって歩んでいる。全体が厳粛で燦然たる賛美歌『テ・デウム』の一節「潔き殉教者の一軍みな御身をたたえ」のような印象を与える。

　これらの昔の聖人は何者なのか。仲間の男女の中からどのようにして選ばれたのだろうか。聖パウロの時代にはパウロが使徒書簡の中で聖なる者と呼びかけた者が、ごく単純にもっとも熱心なキリストの信徒だったが、時が経つにつれて言葉の意味が徐々に変化し、4 世紀には私たちが知るような聖人崇拝が始まった。

　原始教会で最初に崇拝された人々は、殉教者である。もともと殉教者とは、単なる証人だった。しかしこの言葉も意味が変わり、信仰のために血を流す人を指すようになる。殉教はきわめて気高

いおこないとされ、初期のキリスト教徒の間では特別な名誉とも考えられて、殉教の機会がしばしば熱心に求められた。殉教の犠牲者がキリストの受難を身代わりになって負うと信じられていたので、殉教者は殉教する前に監禁されている間でさえ敬われ、忠実な信徒は彼らに特別の世話と注意を向けるように指示された。使徒教憲第 5 巻には以下のように述べられている。

> もしキリスト教徒が、キリストの御名と神への愛と信仰において、不信心者により、競技場へ、獣の前へ、鉱山へと追い込まれたら、見過ごしてはならない。その命を支えるために、扱いを和らげ、世話してもらえるように兵士に賂(まいない)を贈るために、汗を流して働き、仕送りをしなければならない……。なぜなら神の御名のためにとがめられている者は、聖なる殉教者、全知全能の神の息子たる主の兄弟、聖霊の器だからである……。

暴力により殺されたものは毎年殉教の記念日に思い起こされ、殉教者のために、もし可能ならその墓のかたわらで、聖体祭儀が執り行われた。殉教者の「おこない」の地元の記録は、誕生と死亡の日付と同じく保管され、必要に応じて書き加えられ、しばしばその墓の上に祭壇が設けられ、教会が建てられた。

殉教のエンブレムはナツメヤシの枝で、ヨハネの黙示録第

ナツメヤシ

7章第9-17節に格調高く記されているように勝利の象徴だった。始めのうちナツメヤシは墓の上に稚拙に描かれただけだったが、後にキリスト教芸術が発展し、聖人が描かれたり刻まれたりするようになると、ナツメヤシの枝を携えた殉教者が表現されるようになった。流された血を象徴する赤いバラも描かれたのは聖アルバヌスだけである。殉教者が見分けられるように、それぞれに固有のエンブレムがあったようだ。いくつかの場合には死をもたらした刑具で、たとえば聖ラウレンティウスの焼き網、聖カタリナの車輪などである。多くの殉教者は、少年殉教者聖パンクラティウスのように、片手に処刑の剣を、もう一方の手には殉教者のし

聖パンクラティウス
新・聖パンクラス教会（ロンドン）のステンドグラス

ラヴェンナ、サンタポリナーレ・ヌオヴォ聖堂の身廊モザイク
下：男性殉教者を描いた部分

るしナツメヤシを持っている。

　剣とリンゴとバラで表わされる聖ドロテアの伝説では、奇跡が起こる。ドロテアは1世紀初めにカッパドキアのカエサリアにいた乙女で、裁判にかけられ、主イエス・キリストへの愛を告白した。すると「おまえの愛するキリストはどこにいるのだ？」と訊かれた。

　「全能の神は、いずこにもおられます。そして人の子は天におられます」とドロテアは答え、誰もが迎えられる天国のすばらしさを語り続けた。「木々には常に実がなり、ユリやバラはいつも花咲き、野は緑で、絶えず泉が湧き出ています」。

　その場にいた判事テオフィルスが嘲って言った。「ああ、キリストの花嫁よ、天国からリンゴとバラを送ってこいよ」。それに対してドロテアはまじめに応えた。「きっと送りましょう」。

　ドロテアは斬首を宣告された。死刑執行人の前に跪くと、少しの猶予を願い、祈り始めた。するとただちに輝かしい衣を身にまとった若者が現れた。手には3つのリンゴとこの世のものとは思われないほど美しい3本のバラを携えている。ドロテアは若者に言った。「これをテオフィルスのところに持って行って、約束のものだと言ってください」。

　その後死刑執行人が首を刎ね、乙女は死んだ。

　判事が帰宅後友人に若い殉教者をなぶり者にした次第について、軽口をたたいたり笑ったりしていると、リンゴとバラを携えた天使が突如現れ、ドロテアの言葉を伝えた。

　テオフィルスは深く心を打たれ、キリスト教徒になる。そして後にやはり殉教する。

　実際に死んだキリスト教徒のほかに、投獄や流刑を含む苦痛に

耐えることによって信仰の証しを立てる者もいた。終生迫害に耐えることは、血を流すよりも大きな苦痛となるかもしれない。教会がそれを徐々に認識したので、これらのいわゆる証聖者も、殉教者同様に崇拝された。そして4世紀にはこれらのもはや生きてはいない聖人に対する祈禱書の祈りの言葉は、族長、預言者、使徒、殉教者だけでなく、「故人となったローマ教皇や司教」にも捧げられた。

キリスト教徒はこれらの聖人の魂に祈りを捧げたのみならず、その助け、その祈りを嘆願した。異教の時代には、生者を守ってくれるよう死者に祈りが捧げられていたが、聖人への信仰は、その慣習からごく自然におこなわれたのである。神に近いだけにキリスト教の殉教者の魂は、異教の死者の魂にくらべて、何と強力だったことだろう。348年に最期が近づくのを感じた信仰心の篤い女性は、次のように祈ったと言われている。「ああ、人々を愛してくださる神といつも自由に話をなさっているお方、神が私の魂を穏やかに受け入れてくださるようにお願いしてください」。

聖人の地位は、大修道院長、処女、修道士、未亡人などですぐに一杯になる。そして案の定しかるべき調査もせずに、リストには多くの名前が加えられた。これらの聖人の死後には、多くの伝説が生まれた。あるものはきわめてグロテスクで、またあるものは偽りである。殉教者とは異なり、司教、証聖者、およびその他の聖人には共通のエンブレムはないので、個人的なシンボルによって、それと知られることになるが、そのシンボルに花はまれである。聖ドミニクス、アッシジの聖キアラ（クララ、クレア）およびトレンティーノの聖ニコラウスは、その生涯の純潔を表わすユリを携えている。バラの冠をかぶっているのは、パレルモの

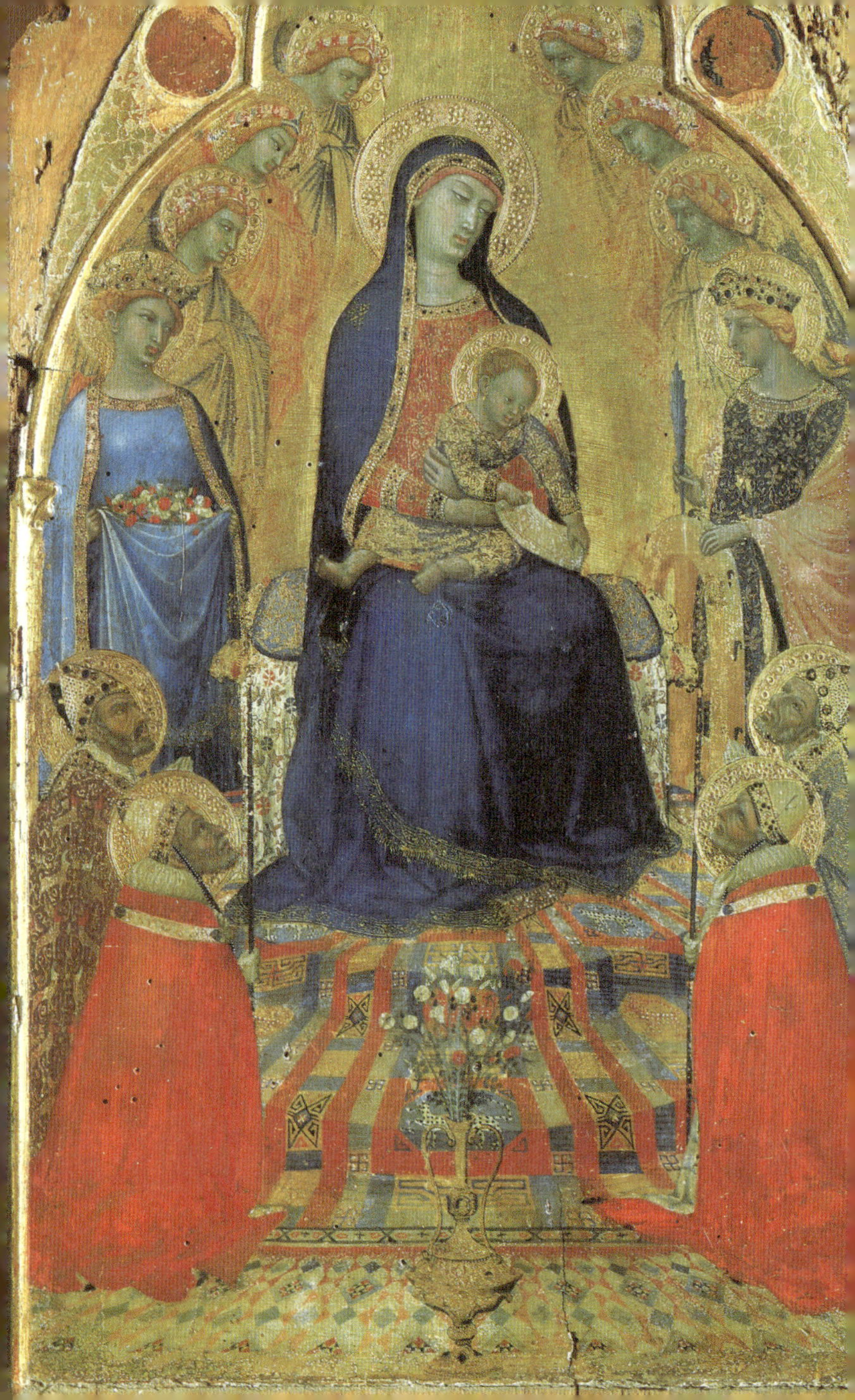

ルーカス・クラーナハ《聖ドロテア》1530 年頃
ウィーン美術アカデミー

前頁：
アンブロージョ・ロレンツェッティ
《聖母子と聖ドロテア、アレクサンドリアの聖カタリナ》
14 世紀前半　シエナ国立絵画館

聖ロザリア、ヴィテルボの聖ローザ、そしてリマの聖ロサである。

バラは聖ドミニクスにもゆかりがある。ドミニクスが信心を表わすロザリオを考案したときには、聖母マリアが現れバラのロザリオを見せて啓示を与えたことをたたえて、最初の数珠玉は本物のバラ、あるいはバラの花を型に入れたものだった。教会の祈禱書を読むことも、理解することもできない貧しい文盲の人々に礼拝の習慣をつけさせるために、ロザリオの祈りは考え出されたのである。もっとも古い形は単に、主の祈りと天使祝詞アヴェ・マリアで、もっとも無知な者でさえ知っていた。ロザリオの十五個の大きな「数珠玉」は主の祈りの数を表わし、150の小さい「数珠玉」はアヴェ・マリアの数を表わした。

聖カエキリア（セシリア）は、ユリとバラの花冠をかぶっているように描かれることがある。カエキリアの婚約者が改宗すると天使が現れ、ふたりにこの花冠をかぶせたのだ。音楽と音楽家の守護者であるこの聖女は、天国のユリと言われることもあり、チョーサーはその呼び名の説明をしている。

> 初めに、わたしは人々が彼女の伝記において知っているように、セシリア聖人の名前をあなたがたに説明しようと思います。これは英語では、処女の完全な純潔を表わす「天のゆり」の意味なのです。あるいは、彼女の純潔の白さとやさしい心の瑞々しさ、さらには良き名声のかぐわしさのゆえに、「ゆり」こそ彼女の名前でありました。

『カンタベリー物語』「第2の尼僧の物語」より（桝井迪夫訳）

未亡人の中にはハンガリーの聖エリーザベトがいて、エプロンにバラをたくさん入れた姿で表わされている。エリーザベトの伝

レリオ・オルシ《聖カエキリアとウァレリアン》1555年頃
ローマ、ボルゲーゼ美術館

作者不詳《聖ドミニクスとロザリオ》17世紀

ジョヴァンニ・ベッリーニ
《聖ドミニクス（フラ・テオドーロ・ダ・ウルビーノの肖像）》
1515年　ロンドン・ナショナル・ギャラリー

説は4人のほかの聖女、ポルトガルの聖イザベル、聖ジェルメーヌ・クザン、聖ヴェレーナ、ヴィテルボの聖ローザの伝説にくらべても少なくはない。この方面を研究している学者は聖エリーザベトを、地上に花や果物をもたらした造化の女神フレイヤの古い異教神話と結びつけている。真実はともあれ、ハンガリーのエリーザベトのもっともよく知られている話は次のとおり。

テューリンゲンおよびヘッセンの方伯の妻エリーザベトは、1225年に悪天候により作物が不作で人々が飢えに苦しむと、自らの穀物倉を解放して、貧しい人々に穀物やパンを与えた。夫は当時不在だったので、執事らは方伯夫人が食物の蓄えを浪費していると不満を洩らした。ある日執事はエリーザベトが城から岩だらけの小道を下りてくるのに出会う。エプロンには貧しい家族のためのパンが詰まっていた。

「奥様、その中にあるものは何ですか？」と執事は訊ねた。

エリーザベトは執事の怒りを恐れて、口ごもった。「バラです」。

執事は女主人の言葉が信じられなかった。我慢できずにエプロンに手を伸ばして中を見ると、何と本当にバラが詰められていた。そしてその瞬間、方伯夫人の頭上には十字架が輝いたのである。

聖人の遺物が場所を移されたり分割されたりすると、その移動や貴重な断片の各々を記念して祝日として祝うことが必要になり、なおいっそう祝日がふえた。時が経つにつれ聖人に対する人それぞれの信仰が修道士により入念に促され、守護聖人が選ばれ、聖堂が建立され、巡礼の旅やギルドが生まれた。そういったことは芸術、文学、商業および社会生活に大きな影響を与えたが、宗教改革が起こると、その効用も悪用もすべてひっくるめてこの聖人信仰には終止符が打たれた。

フランシスコ・デ・スルバラン
《ポルトガルの聖イザベル》
1640年頃　マドリード、プラド美術館

上:ベルナルド・ストロッツィ《パレルモの聖ロザリア》
17世紀前半　フランス、カーン美術館

下:クラウディオ・コエーリョ《リマの聖ロサ》
1684-85年頃　マドリード、プラド美術館

ピエトロ・ネッリ
《ハンガリーの聖エリーザベト》1365年頃
オランダ、ボンネファンテン博物館

ピエトロ・ダ・コルトーナ《聖カエキリア》1620-25 年
ロンドン・ナショナル・ギャラリー

第 6 章
オランダの祝歌

　「主イエスの庭」というのは、『聖歌』(エンメリヒ、1633 年：ブリュージュ、1609 年) の中のオランダの祝歌である。これは音楽博士ジョージ・ラトクリフ・ウッドワードによるかなり昔の翻訳で、1902 年に最初に出版された『カウリー祝歌集』に収められている。

　　　　主イエスの庭にはさまざまな花咲き満ちる
　　　　そこで私はいつもきれいな花を摘む
　　　　　　　邪悪な声が聞こえても
　　　　　　　天国の鳥が歌い
　　　　　　　　　ハープ、ダルシマー、リュート
　　　　　　シンバルと
　　　　　　ラッパに太鼓
　　　　　　　　そしてやさしいフルートの音色

　　　　そこに咲く白い百合は純潔
　　　　　甘い香りの菫は謙虚
　　　　　　　　邪悪な声が聞こえても
　　　　　愛らしいダマスク・ローズは忍耐

陽気に咲き満ちる金盞花(きんせんか)は服従
　　　邪悪な声が聞こえても

瓔珞(ようらく)百合も咲いている
それは神の愛、恩寵の花
　　　邪悪な声が聞こえても

しかしもっとも勇敢だと讃えられるのは
ベツレヘムの星——イエス——御名に祝福あれ
　　　邪悪な声が聞こえても

おお、主なるイエス、わが癒し、わが幸(さいわい)、
わが喜びは成し遂げられた
わが心を主の庭になし給え、
美しく刈り込んで整え給え
　　　この音楽がはっきりと
　　　聞こえるように
　　　　　ハープ、ダルシマー、リュート
　　シンバルと
　　ラッパに太鼓
　　　　そしてやさしいフルートの音色

ジョヴァンニ・ディ・ピエトロ
《アッシジの聖キアラ》15世紀
アッシジ、サンタ・マリア・デッリ・アンジェリ聖堂

第 7 章

庭師の聖人

　中世には職人のギルドあるいは団体はすべて、守護聖人を戴いていた。しかし守護聖人は取るにたりない理由で選ばれることもあった。たとえば聖キアラ（クララ、クレア）の加護を求めたのはガラス職人と目を患う人々で、それは単にその名前、Chiara（Clare）が、曇りなく透明であることを示唆したからである。聖バルバラの処刑のときに、バルバラの父親と首切り役人は雷に打たれたが、そのゆえに聖バルバラは火器の守護聖人となり、雷からの庇護を求められた。

　しかし庭師が守護聖人を見つけるのは、容易だった。何人かの聖人が明らかに庭と関係があったからである。もっとも早く守護聖人になったのは、聖フォカスで、聖フォカスと聖フィアクルが、庭を統括する聖人の中ではもっとも尊ばれた。

　聖フォカスは3世紀にポントスのシノペの門近くに住んでいた。謙虚で、隣人を愛し、神を畏れ、小さな庭で貧しい人々のためのハーブ、そして花を育て、祈りと労働の日々を過ごしていた。キリスト教徒が迫害されたときに、フォカスは信徒ではないかと疑われ、二人の男が差し向けられる。探し出して殺すためだ。シノペへ行く途中、ふたりは足を止めてフォカスの小さな家に泊ま

る。フォカスは手厚くもてなした。ふたりが自分たちの使命を話すと、その男を知っているので明日連れて来よう、とフォカスは告げる。

　客が寝床に入ると、フォカスは庭に行って墓穴を掘った。その後朝になるまで祈りを捧げ、客に身元を明かす。ふたりは親切な主人を殺さなければならないと知り衝撃を受けるが、主人は任務を遂行するように嘆願する。そこでふたりはフォカスの首を切り落とす。フォカスは花の間に掘られた墓穴に埋められ、後にその遺骸の上に教会が建てられた。聖フォカスはヴェネツィアのサン・マルコ寺院のモザイク画にも、パレルモ大聖堂にも登場する。しばしばナデシコあるいは庭でとれたものを持つ姿で表わされている。その祝日は9月22日である。

　聖フィアクルは7世紀の人で、著名なアイルランドの一族の出身だが隠者の生活を望み、大陸に渡って、隠遁するための小さな土地が欲しいとモーの司教ファロに願い出た。司教からブルイユ近くの森の中に人里離れた土地を与えられ、そこでフィアクルは庭を作り、幸せに暮らした。一説によれば、野獣の襲撃を防ぐ柵がまるで奇跡のように庭のまわりにできたので、悪意のある女が聖人の様子を窺い、司教のところに駆けつけて、フィアクルが悪魔を呼び入れて柵造りを手伝わせたと言いつけた。聡明な司教は聖人に会いに行き、女が嘘をついたことを知る。中傷したせいで女が罰せられたかどうかはわからないが、以後女性たちは目が見えなくなることを恐れて、あえてフィアクルの住まいには近づかなかった。そしてモーの聖堂にフィアクルを記念して礼拝堂が奉献されたときでさえ、入ろうとしなかった。フィアクルの祝日は8月30日である。絵には、シャベル、花、庭でとれたものを持つ

ヴェンツェル・ホラー《聖フィアクル》17世紀

た司教の姿で描かれている。

　別の庭師の守護聖人は聖セレネウスで、327年頃にハンガリーに赴いたギリシア人である。セレネウスを殉教に到らしめたのも女だった。セレネウスの望みは苦行をおこなって神に仕えることで、自分の庭のハーブと果実を食べて大変質素に暮らしていた。しかしあるときひとりの女が愛人と会うために庭に入って来る。その意図を察したセレネウスは女を非難し、追い払った。女はひどく腹を立て、皇帝の護衛官だった夫に手紙を書いて訴えた。夫は急ぎ帰宅し、州総督の前で事情を説明して告訴し、被告を「セレネウスと呼ばれる庭師で、卑しい奴」と非難する。

　セレネウスは捕らえられ、護衛官の妻を侮辱した罪を負わされたが、敢然と罪を否定し、真相を明かした。護衛官はセレネウスの話を信用し、告訴を取り下げ、妻のおこないを詫びた。しかし総督はセレネウスに疑念を抱く。庭師を尋問し、キリスト教徒であることを察すると、剣で首をはねるように命じた。聖セレネウスのエンブレムは剣で、祝日は2月23日である。

　おそらく非常に多くの聖人がつつましく庭の手入れをして、精神的な慰めを見出したと思われるが、記録はほとんど残っていない。しかし愛すべき二人の聖人については、述べておかなければなるまい。

　カール大帝の従兄弟にあたる王子聖アダルハルトは、8世紀から9世紀にかけて実在した人物。カール大帝はアダルハルトを宮廷に招く。しかし若者は無法な周囲に嫌気がさし、コルビーで修道士になった。そこで庭師となり、伝記作家によれば、「聖母マリアとともに庭の中でイエスを探し求めた」。波乱の多い年月を経て、コルビーの修道院長となり、同地で死ぬ。アダルハルトの

生涯は、修道士の一人によって記録されている。「ほとんど全世界が信心深く賞賛に値すると認めた人、われわれの目の前にいて、その愛を惜しみなく与えてくれたその人を忘れないために」。

4世紀エジプトの謙虚な修道士ヨナは、85年にわたり修道院の庭を耕していた。そして庭の果実を気前よく他人に与えたが、自分では決して食べなかったと言われている。ヨナ自身の食物は生のハーブとわずかな酢だけだった。夕食後は自分の房に入り、深夜の祈禱を告げる真夜中の鐘が鳴るまで暗がりの中で椅子に座り、イグサで敷物を編みながら、聖書の一節を唱えていた。深夜の祈禱が済むと椅子に戻り、腰掛けたまま眠った。

ある朝ヨナは礼拝堂に現れなかった。椅子に腰掛けて死んでいるのを仲間の修道士が見つける。死んで硬直したその手には、まだイグサが握られていた。ヨナは、編みかけの敷物を膝に載せ椅子に腰掛けたまま埋葬された。

考えてみると、これらの庭師の聖人はすべて男性である。聖女は魂を慰めるために、花やハーブを栽培しようとはしなかったのだろうか。もちろんアッシジの聖キアラがいる。サンダミアーノ修道院の外には、キアラのごく小さな庭が最近まで残っていた。そこでキアラはお気に入りの花を育てた。謙虚さを表わすスミレ、純潔のしるしのユリ、神と人への愛の象徴のバラである。

そして信心深くやさしいラデグンド。メロヴィング朝フランク国王クロタールの多くの妻のひとりだったが、夫に兄を殺されたとき、宮廷から逃げ出し、助祭になった。後に望みどおりの人生を送らせてほしいと、クロタールに許しを請う。王は望みをかなえただけでなく、金を与えた。その金でラデグンドはポワティエに聖十字修道院を建てる。ラデグンドと修道女たちはここで病人

を看病し、貧しい者の世話をしながら、庭を作り、スミレやバラやそのほかの植物を育てた。

　ラデグンドの偉大なる友人のひとりは、ポワティエの司教にして詩人のフォルトゥナトゥスで、もっともすばらしい聖歌のいくつかを書いている。フォルトゥナトゥスは、「天使の水を受けるユリ」とも言うべき女子大修道院長から多くの霊感を得ており、いつもラデグンドに花を贈っていた。そのようにして捧げられたスミレには、以下の添え書きがあった。

　　心に愛があれば、菫の代わりに薔薇を捧げるもの、と思われることでしょう。しかし差し上げるすべての芳しい花のどれも、その高貴なこと紫の菫に優るものはありません。

聖ラデグンド
オール・セイント教会（ケンブリッジ）のステンドグラス

菫の花は深い紫色に輝き、香りと美を宿しています。この花の表わすものを、あなたがこれから先の人生で見せてくださいますように。

　ラデグンドの大いなる望みは、修道院に真の十字架（イエスの処刑に使用された十字架）の断片を納めることで、それは相当の困難を克服した末にやっと達成された。ローマ皇帝ユスティノスが十字架の断片を送ってくれたのである。貴重な遺物ははなやかにそして厳粛に聖十字修道院へと運ばれた。それを見たフォルトゥナトゥスは感動し、堂々たる行列聖歌『王の御旗』（後に十字軍の聖歌になる）を作った。豪華な旗をなびかせ、輝かしい衣装をまとい、香煙に包まれ、ロウソクを灯しながら行列がゆっくりと修道院へと進むと、その様子を見た群集は跪いて拝んだ。

　　王の御旗は前進す
　　十字架は神秘に輝きわたる……

　最後に挙げる庭師の聖人マウリリウスには、その生涯と活動に関して二つの話がある。実際の生涯はごくありふれたもので、ミラノに生まれ、父親の死後トゥールに行き、そこでサン・マルタン聖堂の副助祭、助祭となり、後にアンジェの司教になる。
　真偽の怪しい話の方は子供のおとぎ話のように天真爛漫で魅力的だが、まさに子供のように批判せずに受け入れれば、その中に世界中の神話の片鱗や寓話の原点を認めることもできるだろう。さてその話とは次のようなものである。
　ある日マウリリウスがアンジェの聖堂でミサをおこなっている

と、貧しい女が泣きながら駆け込んできて、助けを求めた。「息子が死にそうです。でもまだ堅信礼を受けていません。どうぞすぐに来て、堅信礼を施してください。」マウリリウスはミサを終え、女について行ったが、遅かった。息子は死んでいた。

司教は死にゆく者をないがしろにしたことで自責の念にかられ、聖堂の鍵を持ち、変装してアンジェから逃げ出した。あちこち放浪した後、ブルターニュの海岸にたどり着く。そこで岩に指で「私、アンジェのマウリリウスここを通る」と書き、日付も入れた。それからブリテンに行こうと舟に乗る。海峡の途中まで来ると、どういうわけか鍵が海中に落ちてしまった。そこでマウリリウスは鍵が戻るまでは、司教の座に戻るまいと心に決める。イングランドに着くと貴族の庭師になり、つつましく植物の世話をした。

この間アンジェの有力者は、司教がいないのはきわめて困った事態だと思っていたが、新たに選出することはできなかった。彼

聖マウリリウス
サン・モリース教会（アンジェ）の壁画

らは失われた司教を見つけ出すことに決め、捜索隊の一行を送り出した。司教はなかなか見つからなかったが、やがて一行はブルターニュの海岸にやって来る。ここでマウリリウスが岩に書き残したものを見つけたので、彼らもブリテンへと出発する。海峡の半ばまで来ると、魚が一匹海中から跳び上がり、舟の中に落ちてきた。料理しようと腹を裂くと、何とアンジェの聖堂の鍵が出てきたのである。

　一行はブリテンに着き、とある城の近くまでやって来た。すると一人の庭師がバラの花束を持って出て来た。司教だ。一行は祝福を受けるために跪き、自分たちとともにアンジェに帰るように懇願した。

　「鍵がなくては帰ることはできない」とマウリリウスは落ち着いて応えた。しかし人々が鍵を取り出して魚の話をしたので、司教に戻ることに同意する。

　マウリリウスが再び司教の座に就くと、アンジェの人々は大喜びした。しかし司教は、あの貧しい女と自分がないがしろにしたその息子を忘れることはできなかったので、少年の墓に連れて行ってくれるように頼む。墓の前でしばらく祈ってから、大きな声で叫んだ。すると何と若者が起き上がったのである。その後司教は若者に堅信礼をほどこし、「再び生まれる」という意味のレナトゥスという名前をつけた。レナトゥスは後にソレントの司教になった。

第 8 章
イギリスの昔の花暦

純白の花スノードロップが
聖燭節に頭(こうべ)をもたげる
クロッカスが聖堂へと急ぎ
聖ウァレンティヌスの日には桜草
それから喇叭水仙(ラッパズイセン)がそばに並ぶ
聖母マリアのお告げの日には聖母のスモック(ハナタネツケバナ)
聖ゲオルギウスがマントを翻せば
青い鐘(ブルーベル)が野原を飾る
聖十字架の日には
金色の金鳳花(キンポウゲ)
聖バルナバが夜も昼も微笑むとき
あわれな郭公仙翁(カッコウセンノウ)が草の中に咲く
矢車仙翁(ヤグルマセンノウ)、庭の誇りは
洗礼者聖ヨハネの日に
聖母マリアの御訪問日から聖スウィジンの雨の日まで
白百合が花の女王
聖マルガレータが流した竜の血の代わりに
芥子が赤いマントを広げる

それから生い茂った薔薇が

改悛したマグダラのマリアのために紅く咲く

聖ペトロの鎖の記念日まで

麦の間にカモミールがにおう

聖母マリア被昇天のときには

乙女の木陰(クレマチス)が咲き満ち

ほどなく向日葵(ヒマワリ)が満開になる

そしてバルトロマイの日には

聖なる十字架を示すために

受難(パッションフラワー)の花が咲く

聖ミカエルの勇気あるおこないを記念して

草の中にミカエルマス・デイジー

聖シモンと聖ユダの日まで咲く最後の花

茸と苔は万聖節の祝いまで

まもなく常緑の月桂樹のみ花開く

聖カタリナがすべての学者に報いるときには

緑の木蔦(キヅタ)と柊(ヒイラギ)の実

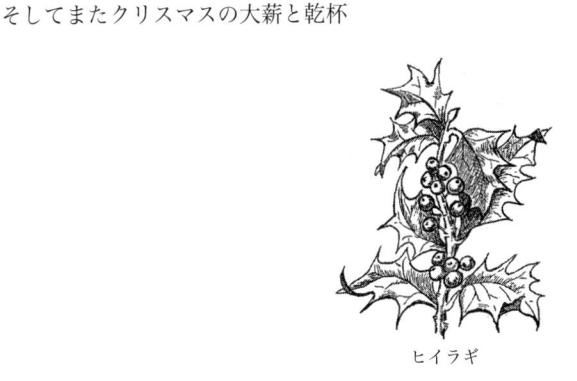

そしてまたクリスマスの大薪と乾杯

ヒイラギ

第9章
春の聖人
[3月、4月、5月]

　時が経つにつれ、教会は神に仕えるために絵画、彫刻、音楽をもちいるようになった。そしてまた多くの花を摘んで聖人に捧げた。それは民衆を導き、聖人聖女の生涯とその教えを学ばせ理解させるための、一つの方法である。人気のある花はしばしば人気のある聖人にちなんで命名されたが、聖人の祝日に咲いている花が、献花として選ばれることが多かった。さらに庭師の先祖、中世の修道士はハーブと薬草の性質を理解しており、聖人の花として、盛りであるだけでなく薬効のあるものをおそらく選んでいただろう。その上その花が聖堂の近くに生えていたことも決定要因になったかもしれない。

　このような広い選択肢があれば、ローマ・カトリック教徒が一年365日の聖人と花の完全な暦を作ったとしても不思議ではない。しかしこれらの献花のいくつかは、明らかに単に季節の花を使って間に合わせているだけである。そのような埋め草は問題にならないが、古くからの伝統によって捧げられている花と、特別な関わりのある花について述べたい。ほかの箇所と重複するもの

は、避けるように留意した。

　教会の期節と大きな祝祭の日には、特別の花がある。春の長い悔い改めの期節にはラッパズイセンが咲き、「四旬節のユリ Lent Lily」として知られている。第2章で述べた「キリストのイバラ Christ's Thorn」（セイヨウハマナツメ）は受難の主日の植物で、枝の主日〔復活祭直前の日曜日〕には、「シュロ」("palm")あるいはプシー・ウィロー（Pussy Willow）と呼ばれることもある芽吹いたヤナギが捧げられる。

　復活祭そのものは、異教の祭礼を転用したものである。エオストレ（Eostra）は曙と再生の輝かしい化身、自然神で、その祝祭は春におこなわれる。尊者ベーダによると、キリスト教の宣教師は、エオストラ崇拝が人々の心にたいそう深く根付いているのを見て、その祭礼をキリスト復活の大いなる祝祭（Easter）に変えた後でさえ、その名をとどめた。復活祭の季節にはセイヨウオキナグサ（Pasque Flower）が咲く。この花は元来ユダヤ教の過ぎ越しの祭（Passover）に関係していた。この愛らしい紫の花はアネモネと同じくキンポウゲ科で、白亜質の土壌に生え、絹のようなうぶ毛におおわれた葉に特徴がある。ジェラードはそのすてきな別名を記している。「ケンブリッジシャー州にはオキナグサが生えていて、『コヴェントリーの鐘 Coventrie-bels』と呼ばれている」。

　復活祭の季節の別の花は小さなカタバミで、はかなげな薄紫

セイヨウオキナグサ*

の花が咲き、葉は三つ葉である。教会でアレルヤ（ハレルヤ：主をほめたたえよ）が歌われる季節に咲くので、晴ればれと「アレルヤ Alleluias」と呼ばれている。昔は祈願祭には、ミルクワート（ヒメハギ属の一種）の花輪を飾った乙女が行列して歩いた。この慣習のために、小枝に小さなピンク、青、あるいは白の花が咲くこのつつましい植物は、「十字架の花 Cross Flower」、「祈願の花 Rogation Flower」、「行列の花 Procession Flower」とも呼ばれている。

　3月は聖ダヴィドの祝日で始まるが、人々はもちろんリーキを身に着ける。伝説によれば、519年にサクソン人とウェールズ人の間で大戦闘があり、ウェールズ人が勝利した。戦場の近くにリーキの大きな畑があり、隠修士のデヴィ（後の聖ダヴィド）は、乱闘の中で敵味方がわかるように、帽子にリーキを挿すよう命じた。ウェールズ人はこのために勝利することができたと考え、以来聖ダヴィドの祝日にリーキを捧げている。ラッパズイセンに替えたのは近代の──俗物的とも言える──考えである。まるで国章と

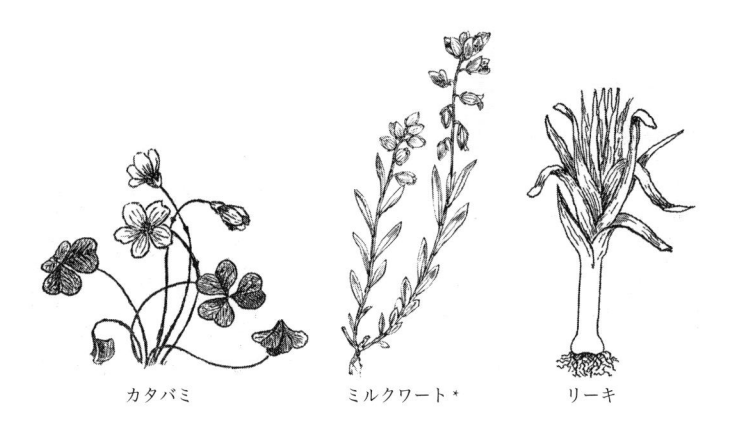

カタバミ　　　　　　ミルクワート *　　　　　リーキ

して野菜はふさわしくないかのようだ。

　3月12日には教皇にして証聖者の聖グレゴリウスがたたえられる。聖アウグスティヌスをブリテンに派遣したことで知られているが、しかしまたその祝日にハチのために花を咲かせる、というチャーミングな伝承もある。

　聖パトリック（3月17日）はといえば、シャムロックである。というのもパトリックはアイルランド人に聖三位一体の教義を理解させるのに、いつもその三つに分かれてはいるが一体となっている葉をもちいたと言われているからだ。この葉も、信仰、希望、愛のエンブレムとなり、教会の装飾に象徴的にもちいられた。何が本当のシャムロックかについては、確定されていないようだ。コメツブウマゴヤシ、シロツメクサ、およびコミヤマカタバミが

聖パトリック
聖ピーター教会（ワシントンD.C.）のステンドグラス

第9章 春の聖人

候補に挙がっているが、それほどちがいはないだろう。聖パトリックが住んでいたアイルランド西部に繁茂しているロンドン・プライド（ユキノシタ属の一種）には、「聖パトリックのキャベツ St. Patrick's Cabbage」という名前がつけられているが、楽しい思いつきだ。開いた小さな葉は、確かにキャベツに似ていなくもない。

ヨウラクユリは、国王にして殉教者の聖エドワード（3月18日）に捧げられる。ヨウラクユリの伝説についてはすでに述べた（27頁）が、この花は16世紀にコンスタンティノポリスから伝えられた。ジョン・パーキンソンは1629年に次のように書いている。「ヨウラクユリには、その美しさからいってもわがイギリスの庭園の中で、第一等の地位を占める価値がある。だから、ここでは他のユリよりも先に取り上げる」。

聖グレゴリウスによって始められた仕事は、聖ベネディクトゥスに引き継がれる。聖ベネディクトゥスは祝日の3月21日に、その年の蜜を集めるようにミツバチを巣から呼び出すからである。この聖人は529年にその名を冠した偉大なる修道会を創設した。ベネディクトゥスの植物はハーブ・ベネット Herb Bennet（あるいはヘルバ・ベネディクタ Herba Benedicta）で、昔はほとんどありとあらゆる病気に効くと考えられていた。小さな黄色い花をつけるダイコンソウの仲間の地味な草で、生垣の下や藪の中などの日陰に育つ。しかし目立たないにもかかわらず、昔の人はこう書いている。「ハーブ・ベネットの根が家の中に

ロンドン・プライド*

あれば、悪魔は何もできずに逃げ去る。だからほかのどのハーブよりもありがたいのだ」。そしてその根を身に着けていれば、その香りの漂う中には有害な獣は近づかないだろう、と付け加えている。

4月には「花の」聖人は二人しかいない。ひとりは何と勇敢な聖ゲオルギウス。その名前からは、涼しい林より火を吐く竜の絵が思い出されるが、4月23日聖ゲオルギウスには、ブルーベル（以前は Harebell と呼ばれた Bluebell）が捧げられる。ブルーベルはたいてい古い暦の聖ゲオルギウスの祝日の頃に咲いていた。その日聖ゲオルギウスをたたえて、人々はブルーベルを身につけ、教会にも飾った。

4月のもうひとりの聖人は聖ロベールで、1098年頃シトー修道会を創設する。祝日は4月29日で、ゼラニウムの一種ハーブ・ロバート（Herb Robert）が捧げられる。葉が紅葉するので、止血作用があると思われていた。この途方もない考えは古い時代に

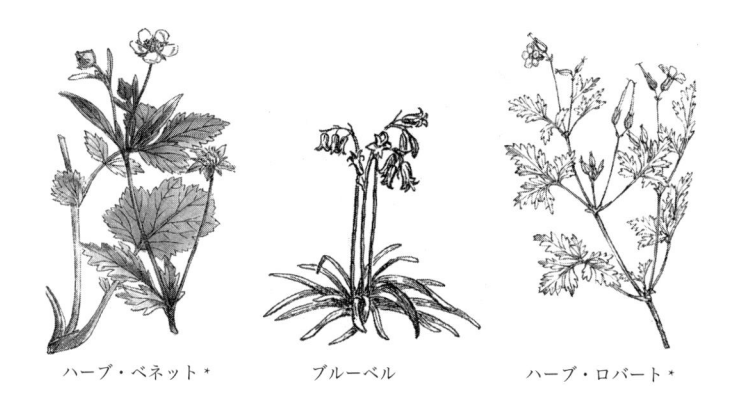

ハーブ・ベネット *　　　ブルーベル　　　ハーブ・ロバート *

第9章 春の聖人　97

特有の「特徴類似説」に属する。16世紀の本草家は植物が、その形、色、模様、構造に似た器官の治療に効くと信じていたのである。

この説によって、ハート型の葉を持つ植物は心臓の病気を治し、鱗片のある植物は目のかすみをとり除き、斑点のある葉あるいは花はしみをなくす、などと考えられた。ニンニクの茎は中空なので気管の疾患に効き、フランスギク（Moon-Daisy）は月に似ているので、精神異常を防ぐのである。シベナガムラサキ（Viper's Bugloss）は、種がクサリヘビの頭の形をしているので、ヘビに咬まれたときに効く。そしてクウェイキング・グラス（Quaking Grass：コバンソウ属の一種）は悪寒を抑えた。

これらの説の典型的な例が、全霊を傾けて「特徴類似説」を信じていたウィリアム・コールズの『薬草の処方』（1656年）に見られる。

> クルミは、頭の特徴をすべて備えている。外側の緑の皮は、頭を覆う厚い皮膚に対応する。それから作られる薬は、頭の傷に効く。仁は脳に良い。脳に似ていて、頭蓋骨のような殻に覆われ、さらに軟膜に似た絹のような膜で包まれているからだ。

このような処方の大方の結果には、身震いがする。

タンジー（エゾヨモギギク）は聖アタナシオスに捧げられる花である。聖アタナシオスは、325年に開かれたニ

タンジー*

カイア公会議でアリウス派の異端を論駁した。アタナシオス信条は彼の名前にちなむ。タンジー（tansy）という名称は、不死を意味するギリシア語 athanasia に由来するが、そう呼ばれるようになった理由は、花期が長いから、あるいはその香りが古代人により死体の腐敗防止にもちいられたからである。

　15、16世紀には、タンジーはおなじみの食物だった。その葉も花も、生でも干してももちいられ、タンジーのプディング、パン、ワイン、ケーキ、茶がよく作られた。ケーキは単に「タンジー」と呼ばれており、若葉を卵と混ぜた一種のカスタードである。これは復活祭に好まれた一品で、四旬節の乏しい食事の後で身体を清めると信じられていた。羽のような葉と金ボタンのような小さな明るい色の花を持つ野生のタンジーは、今日秋に荒地に咲いているが、顧みる者はいない。園芸種は塀などに沿って植え込まれ、輝かしい彩を添えている。

　あのように偉大で学識のある聖人が、こんなはでな色でしかも取るに足りない小さな花で表わされるとは、奇妙なことだ。祝日は5月2日である。

第 10 章
夏の聖人
［6月、7月、8月］

　この季節は6月に夏至を迎える。日ごとに高くなる太陽は最高点に達し、その後は天の階段を再び下り始める。このクライマックスは古代人にとって不安の時だった。自然の大きな周期運動を知らなかったので、弱まっていく火を再び燃え立たせて新たに力強いものにしなければ、光と熱の源である太陽が衰えて消えてしまうのではないかと恐れたのだ。火を焚くことによって太陽に活力が戻り、その光と熱が維持され、太陽が天球上をめぐり続けると信じて、夏至の前夜多くの国の古代人は丘の上あるいは広い場所で大きな焚き火をした。

　夏至の焚き火をめぐっては、あまたの迷信的な慣習ができていた。病気の家畜を治療するため、また健康な家畜を来年の疫病や危害から守るために、炎の中に追い立て、燃えさしの上を歩かせた。若者や乙女は、幸福と幸運を確かなものにするために火を跳び越えた。子供たちは病気になったり、危険な目に遭ったりしないように煙の中を通った。火は魔女を寄せつけないと信じられ、火事や雷に対するお守りとして、屋根や庭には焦げた棒切れが置

かれたのである。

　これらの信仰や慣習は人々の心にあまりに深く根付いていて、無作法に根こそぎにすることはできなかったので、教会は賢明にもそれらを採り入れたが、信仰の目的はまったく異なる。光について証しをする洗礼者聖ヨハネの祝日は6月24日。「彼は光ではなく、光について証しをするために来た」（ヨハネによる福音書第1章第8節）。この季節の祝祭は洗礼者ヨハネの誕生日の祝祭に転化させられたのである。夏至の火は「聖ヨハネの火」となり、また隣人が集う友好の焚き火ともなった。

　ジョン・ストウは『ロンドン探訪』（1597年）の中で、ヘンリー8世の治世には洗礼者聖ヨハネ、聖ペトロ、聖パウロの祝日前夜に、ロンドンの通りで焚き火がおこなわれ、裕福な人々は戸口に食べ物と飲み物を載せたテーブルを出して隣人にふるまった、と述べている。このときには、喧嘩はまるく収められ、争いは忘れられ、

> ……誰の戸口にも、緑の樺の木、長いフェンネル、セント・ジョンズ・ワート、ムラサキベンケイソウ、白百合などが飾られ、美しい花輪がかけられた。ガラスのランプも灯され、中の油が燃えて一晩中輝いた。奇妙な鉄の枝に一度に百個もランプを吊るしたものもあって、なかなかの見物だった……

　夏至の祭が聖ヨハネの祝祭に転化された結果、自然のなりゆきで太陽に光り輝く花が洗礼者ヨハネに捧げられた。フランスギクを始めとするさまざまなキク科の植物のように、太陽のような大

きな円形の花や、黄色い花である。とりわけセント・ジョンズ・ワート（St. John's Wort）は、洗礼者ヨハネの特別な花になる。明るいオレンジ色のおしべのあるこの燦然たる金色の花は「地上の太陽 Sol Terrestris」として知られ、闇を払う太陽と、光を賛美する洗礼者ヨハネの象徴になった。魔女や魔法が人々の心に多大な影響を与えた時代に、セント・ジョンズ・ワートは魔法のハーブとみなされる。ヨハネの祝日前夜には大きな儀式がおこなわれ、このハーブが摘まれて、悪霊、亡霊、幽霊、嵐、雷に対するお守りとして窓にかけられた。このセント・ジョンズ・ワートは、夏至の焚き火で焼かれ、その灰が同様に魔除けとして身につけられた。さらにこのハーブ（オトギリソウ属）の一種の効能は非常に大きかったので、Tutsan（タツァン）と呼ばれた。それは、何でも治すと言う意味のフランス語 toute-saine に由来する。

　光の先駆者としての聖ヨハネに関しては、別の花もあがめられた。アメリカセンノウがこの祝日のために咲く。「大いなる燭台 Great Candlestick」と呼ばれるこの花に火が灯るのである。

　この季節で洗礼者聖ヨハネの次に重要なのは、6月29日の聖ペトロである。昔の人は次のように述べている。

　今野原に咲いている黄鶏頭と呼ばれる黄色い花は、聖ペトロの日のしるしである。この花はこの日にはいつもみごとに咲いて、聖ペトロが主イエス・キリストを知ら

セント・ジョンズ・ワート *

ないと言ったことをわれわれに思い出させ、戒める。使徒の第一人者のペトロでさえ、恐怖に駆られて、主を知らないと言ったのだ。だから過ちを犯しがちなわれわれは、いっそう同じ罪を犯しやすいのである。

　この植物はペニーウィード（Pennyweed）としても知られているが、イエロー・ラトゥル（Yellow Rattle：黄色いガラガラ）という名前の方が一般的だ。それは莢の中で熟した種が音をたてるからである。いくつかの古い本草書ではカウスリップが、「聖ペトロのハーブ Herb St. Peter」と呼ばれている。鈴なりになった頭状花が鍵束に似ているからだ。

　聖ペトロと言えば鮮やかに思い起こされるのはサムファイア（Samphire）だが、その綴りが、Saint Pierre（フランス語で聖ペトロ）が転訛したものだとおわかりだろうか。明るい緑の多肉質の葉と小さな黄色い花は、海辺のほとんど近づきがたい岩場に、崖の中腹に生えて、岩の裂け目で波しぶきにさらされているので、漁師だった聖人に捧げられたのである。シェイクスピアは『リア王』

イエロー・ラトゥル* 　　　カウスリップ* 　　　サムファイア*

の中で、ドーヴァー海峡の崖を見たエドガーに次のように言わせている。

　　　崖のなかほどにぶらさがり、浜芹〔サムファイア〕を摘んでいるやつがいる、危ない商売だなあ！　　　（小田島雄志訳）

　16世紀にはこの植物はサラダ用に好まれていた。そしてかなり最近までロンドンの街角では、「サムファイア1バレル！」という呼び声とともに漬物用、味付け用として売られていた。
　夏の暦にはさらに二人の使徒がいる。聖バルナバと聖大ヤコブである。「聖バルナバのアザミ St. Barnaby's Thistle」（ヤグルマギク属の一種）は6月11日頃に咲くので、聖バルナバに捧げられるのだろうが、慰めの子（使徒言行録第4章第36節）バルナバには、もっと注目すべき花が捧げられてもよい。聖ヤコブにもその祝日7月25日に満開の花、つまり「聖ヤコブの草 St. James's Wort」あるいはスタガーワート（Staggerwort：Staggerは馬の旋回病）として知られているかわいい黄色のラグワート（Ragwort）

「聖バルナバのアザミ」*　　　　　　ラグワート *

ヘラルト・ダフィット《聖母子と天使》1520年頃
マドリード、プラド美術館

が捧げられる。聖ヤコブは馬の守護聖人なので、「聖ヤコブの草」は、馬の病気を治すのにおおいにもちいられた。しかし実際に医薬的な成分が含まれるとは思えない。

もし聖ヤコブが馬の守護聖人なら、痛風病みはありがたくも聖ゲラルドゥス（6月13日）に頼ることができた。この情け深い人物はクレルヴォーの聖ベルナルドゥスのきょうだいで、ベルナルドゥスはゲラルドゥスをこうたたえている。「血を分けたきょうだいで、宗教上の同胞以上の存在だった。体が弱っていれば、支えてくれた。心が弱っていれば、元気づけてくれた。怠惰になれば、励ましてくれた。忘れていれば、思い出させてくれた」。ゲラルドゥスがクレルヴォー修道院の食料品係でもあったので、痛風の人々はゲラルドゥスが同情してくれるだろうと考えたのかもしれない。他方ゲラルドゥスは痛風がひどく、救いを求めて祈ったところ、「聖ゲラルドゥスの薬草 Herb St. Gerard」として知られるゴートウィード（Goutweed：通風の草の意）の薬効が示されたという話もある。この植物は痛風に効くことがよく知られており、パセリの仲間で、茎の先に白っぽい花をつける。教会の廃

ゴートウィード *　　　　　　野生のパンジー

墟でしばしば見られるので、別名は「司教の草 Bishop's Weed」である。

　教会の夏の祝祭からはしばし横道にそれるが、三位一体の花は野生のパンジーで、「心の慰め Heart's-ease」とも呼ばれ、昔からポーンス（Paunce）〔フランス語の penséeに由来する〕および「三位一体草 Herb Trinity」として知られていた。三位一体という名前のいわれは、1562 年にウィリアム・ブーリンによって書かれた古い本草書『薬学博士』に出てくる。

　　昔の修道士が書いた本草書には、この草は三位一体を表わすので、三位一体の草と呼ばれると記されていた。そしてこのような寓意が書かれている。この花は三色だが、香りは甘いひとつの香りだけ。だから神は、永遠の栄光と神の威光によって結びつけられた三位一体の三つの位格（「父なる神」と「子なるイエス・キリスト」および「聖霊」）である。

　野生のパンジーについては別の記述もある。ブーリンは美しい望みを抱いて、美しく表現した。

　　神は汝に「心の慰め」を贈る。というのもみじめな心を抱いた王であるよりも、心安らかな貧者の方がずっと幸せだから。至福の境地に至るか、あるいは逆境に至るか、喜びにあふれた天国を思い浮かべられるか、あるいは心のうちの恐怖や悩みの種につきまとわれるか……ほんの一掴みの神々しい「心の慰め」を汝に与えてくれるよう、神に祈

ベルナルディーノ・ルイーニ《聖カタリナ》1527-31 年
サンクト・ペテルブルク、エルミタージュ美術館

ルネサンス期ミラノの画家ルイーニの聖カタリナは、天国
の恩恵と神の愛を表すジャスミンの花を頭につけている。

ハンス・メムリンク《聖クリストフォルス》1484年頃
ベルギー、ブルッヘ市立美術館

りなさい。それはこの世のどの花よりもすばらしい。

シャクヤクは、おそらくその深紅色のゆえに、いつも精霊降臨日と結びつけられている。赤はその祝日の典礼の色だからである。ドイツではシャクヤクが「精霊降臨日のバラ Pentecostal Rose」と呼ばれることがあった。キリスト昇天の日の花はスズランだが、いかにもふさわしい。その別名が「天国への梯子 Ladders to Heaven」だからである。

聖人の花に戻ると、湖畔や沼、その他の湿地に生える丈の高いゼンマイが、幼な子のキリストを背負って川を渡った聖クリストフォルスに捧げられた。この植物は「クリストフォルスのハーブ St. Christopher's Herb」としても知られており、クリストフォルスの祝日7月25日頃にはすっかり成熟する。

根や果実が捧げられることもあるが、これらはどの植物にも不可欠な部分である。聖ダヴィドにはやはりリーキが捧げられる。

さてカブだが、聖金曜日（受難日）がパセリを植えるのにもっとも幸先のよい日であると考えられていたように、6月17日の聖ボトルフの祝日にはカブの種を播くのが慣わしになっていた。それゆえに聖人はおそらく愛情をこめて「カブ老人」と呼ばれ、親しまれるようになったのだ。聖イグナティウスの祝日7月31

オランダシャクヤク*

日に捧げられる「聖イグナティウスのマメ St. Ignatius's Bean」はインドの植物で、コレラの治療に効果がある。フィルバート・ナッツ（Filbert nut）は、聖フィリベルト（St. Philibert、8月20日）にちなんで「フィルバートの実」と呼ばれたと言われているが、たぶん誤りである。

　夏の花を捧げられる二人の聖女のうち、聖アンナ（7月26日）は聖母マリアの母だが、その花の由来は変わっている。野生のカモミールのラテン語から来た学名は *Matricaria*（マトリカリア）。これを二つに分けた mater cara は「愛される母」という意味である。このヒナギクのような植物はどこにでも生えていて、どの部分にも薬効があると言われている。その香りさえ効能があると考えられ、テューダー朝の時代まで小道と空き地にはしばしばカモミールが植えられた。香りがその上を歩く者すべての元気を回復するからだ。この植物のもう一つの属性が 1608 年の戯曲の対句に記されている。

> カモミールは汝に
> 　忍耐を教えてくれるだろう。
> 踏まれれば踏まれるほど
> 　よく育つ

　フランシス・ベーコンが 1625 年に『庭』についてのエッセイを書いたときに、この花について述べていないのは奇妙である。

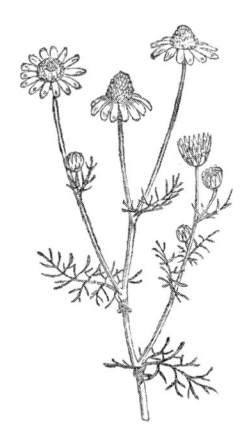

ジャーマンカモミール *

フラ・アンジェリコ《我に触れるな（ノリ・メ・タンゲレ）》1441年
フィレンツェ、サン・マルコ美術館

次頁：
ピエトロ・ペルジーノ《マグダラのマリア》1482-85年
〈磔刑〉の祭壇画部分
ワシントン・ナショナル・ギャラリー

マリアの足元の植物部分を拡大すると、葦、アイリス（上図）、セイヨウオダマキ（下図）などが確認できる。

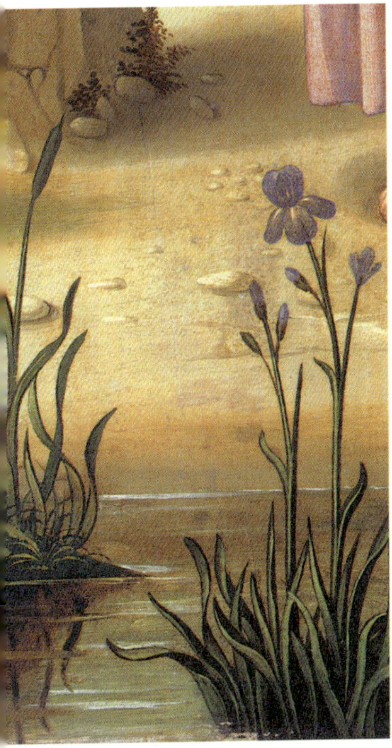
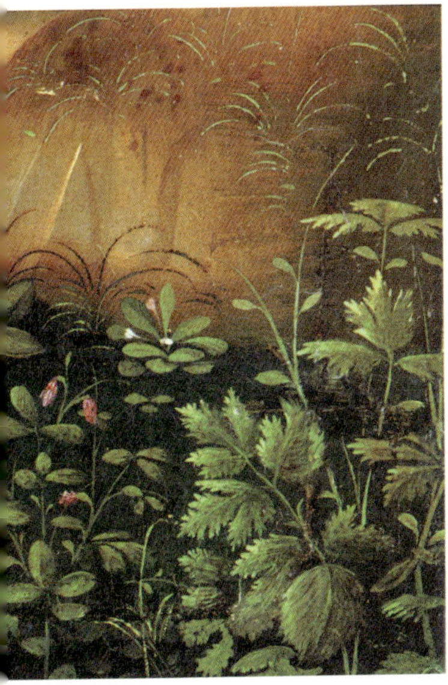
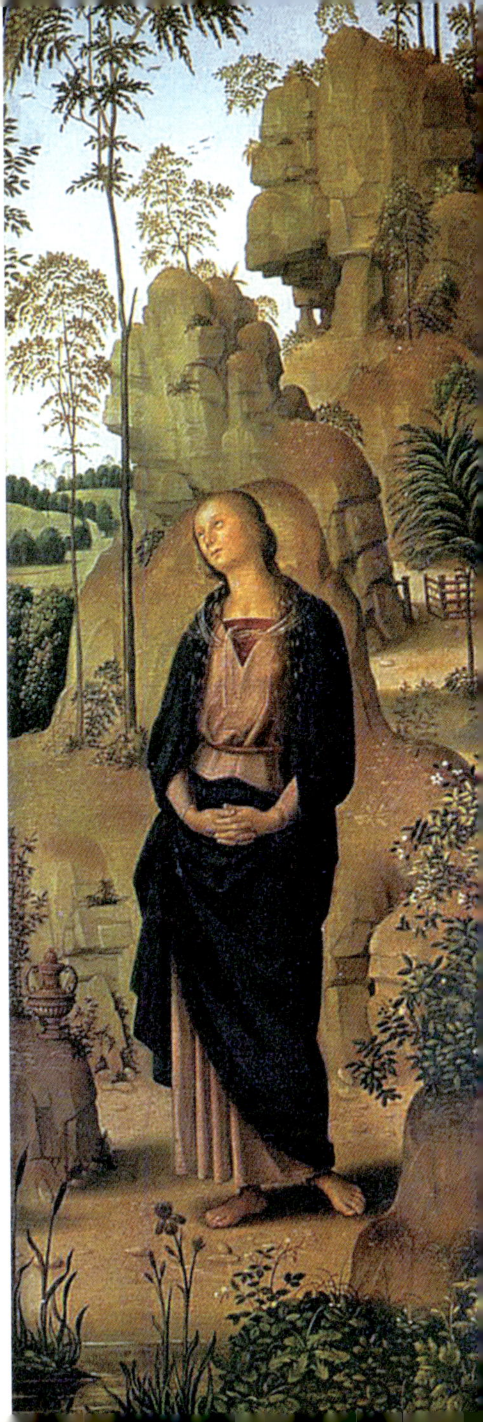

> しかしもっともよい香りのするこれらの植物は、ほかの植物のようにただその前を通り過ぎてはならない。3種の草は踏みつけて踏み潰すことだ。ワレモコウ、ワイルドタイム、ウォーターミント、それらをすべて植え込んで、歩いたり、踏んだりして、その香りを楽しむのだ。

そう、カモミールも確かに含まれていたにちがいない。

　7月22日は改悛した聖マグダラのマリアの祝日である。その花はコストマリー。黄白色の頭状花を持つキク科の植物である。Mary Magdalene に由来する Maudlin（モードリン）、Maudlin-wort（モードリン・ワート）という名前が、マグダラのマリアを記念するものとなっている。別名はエールコストで、以前はその葉をエールに浸して風味をつけた。しかしおもにサラダに入れたり、食事の際に使用する手洗いの水の香りづけにもちいたりした。

第 11 章
秋の聖人
[9月、10月、11月]

　秋の大きな祝祭と言えば、天使と大天使を輝かしい主役として戴き礼拝する多数の聖人、膨大な数の死者の群れが思い浮かべられる。1 年が終わりに近づくにつれて、これらすべての祝祭が厳粛におこなわれる。

　まず天使の軍勢を従えた大天使ミカエルの祝日は 9 月 29 日で、この頃には燦然たる夕日の色に輝く北米原産のミカエルマス・デイジー（Michaelmas Daisy）が咲く。ミカエルの祝日に関してもっとつつましいところでは、ヨーロッパ原産の野生植物のひとつでオドリコソウの仲間「黄色い大天使 Yellow Archangel」もあるが、この花は聖ミカエルの昔の祝日 5 月 8 日に咲いているのが見かけられる。大天使との関係から、この植物は悪霊や魔女から護ってくれ

イエロー・アークエンジェル

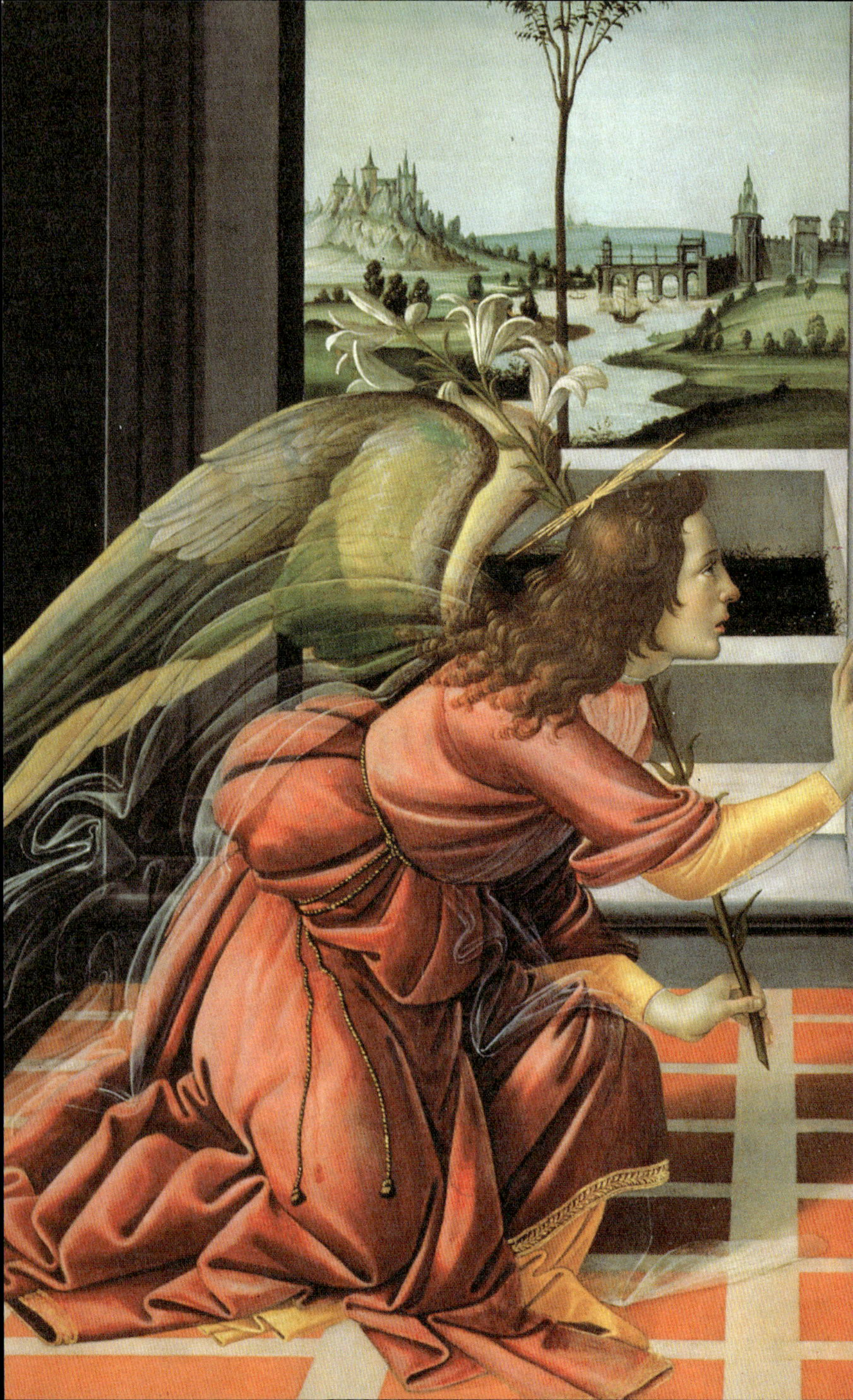

ドメニコ・ディ・ミケリーノ
《トビアスと大天使たち（左から：ミカエル、ラファエル、ガブリエル）》
15世紀

前頁：
サンドロ・ボッティチェリ《受胎告知》1489-90年頃
（大天使ガブリエルの部分）
フィレンツェ、ウフィッツィ美術館

ると考えられていた（花を持っていることが知られているほかの唯一の大天使はガブリエルで、受胎告知の絵では白いユリを手にしている）。

天使の植物はアンゼリカ（Angelica）で、庭に植えられるようになってからアークアンゼリカ（Archangelica：大天使の植物）に昇格する。今日では茎の砂糖漬けがケーキにもちいられるだけだが、16世紀にはその甘い香りの根を噛むことが、「毒や、疫病や、悪い腐敗した空気によるあらゆる伝染病に対する無類の治療法」と考えられた。実際アンゼリカは「聖霊の根 Root of the Holy Ghost」として知られ、特別な魔除けになると思われていた。古い伝説によれば、中世のヨーロッパで恐ろしい疫病が流行したときに、天使が修道士にこの植物の薬効を教えたので、疫病が治まったという。そこでこの植物には「天使の植物(アンゼリカ)」という名前がつけられたのである。

ハーブの多くを使えるようになる以前には、その葉や花を集め根を引き抜く際に、ありとあらゆる用心をした。必要なハーブを摘むのは、簡単なことではなかった。ある種のハーブを集めるには、異教の呪文あるいは古代の詩歌を唱えなければならず、あるいはその植物の神に許しを得なければならなかった。修道士が古代の写本を書き写したとき当然これらの呪文は省かれたが、ほかの異教の慣習同様このようなこともしっかりと

野生のアンゼリカ・

根づいていたので、キリスト教の祈りに置き換えられた。これらのいくつかは残っており、読むと興味深い。おそらく 14 世紀以前のものを以下に挙げる。それは異教の時代に聖なる植物で、キリスト教徒にも引き継がれたクマツヅラについて述べていると思われる。

汝聖なるハーブよ、万歳
地に生え出で
カルヴァリの丘一面に
まず汝ありき
汝多くのただれに効き
さらに多くの傷を癒す
憐れみ深きイエスの御名により
我は汝を地より摘む

セランダインを摘むことは、くだくだしい仕事だった。「主の

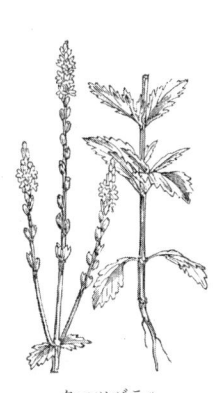

レッサー・セランダイン *　　　クマツヅラ *

ベノッツォ・ゴッツォリ
《聖フィーナ》1464-65 年頃
サン・ジミニャーノ（イタリア）、
サンタゴスティーノ聖堂

《リジューの聖テレーズ》
リーベンフェルス（オーストリア）、
教区教会堂のステンドグラス

祈りを9回唱え、9回目の『悪より救い給え』というところで、セランダインを摘みなさい」。

とげに搔かれたただれにもちいるには、この呪文とともに信仰心が必要とされた。

　　　聖母マリアからわれらが救世主はお生まれになった
　　　　救世主の頭にはイバラの冠が被された
　　　　　もしこのことを信じ、よく心すれば
　　　この傷は決してただれないし、腫れもしない

ある本草書には次のような指示がある。

　　長旅をして疲れぬように、マグワートを携え、それを靴の中に入れよ。朝日が昇る前にマグワートを摘むときには、こう唱えること。「道の途中で疲れぬように、草よ汝を摘む」。そして十字を切ってマグワートを清めること。

　時が経つと生活が忙しくなったので、長い呪文を唱える時間がなくなったのはまちがいない。後の本草書の指示は短く一般的である。「キリストの受難と悲しみについて述べ、さらに何のためにそのハーブを集めるのか述べて、1本のハーブを小麦あるいは大麦の上に置くこと」(たぶんポリッジ〔穀類を牛

マグワート *

第 11 章 秋の聖人　121

乳や水で煮た粥〕に入れて食べるか、湿布に使ったのだろう）。

　今日ではハーブを摘むときに儀式をおこなうことはない。処方箋を持って薬剤師のところに急ぐのだ。

　バラととりわけ関わりのある近代の聖人の祝日は 10 月 1 日である。この聖人は「イエスの小さな花」と呼ばれるリジューのテレーズで、1897 年に弱冠 23 歳で死んだカルメル会の修道女である。テレーズの生涯は花と関わりが深い。テレーズのモットーは「愛は愛のみによって報われる」で、十字架のヨハネ〔16 世紀スペインの偉大なる神秘神学博士、男子カルメル会の改革者〕の著作から引用されたものである。『愛の賛歌』の中でテレーズは書いている。「花を撒くことが、私の愛を証明する唯一の手段です。これらの花はひとつひとつが言葉に、ごらんなさい、ひとつひとつが日々の犠牲になるでしょう」。

　テレーズはこのように日々を過ごし、死ぬ前には予言した。「天国でもこの世のためになることをしましょう……バラの花の雨を降らせましょう」。これらのバラは奇跡であり、嘆願者によって請い求められる恩寵であり、人々の祈りに対する祝福と応えで、1925 年にテレーズの列聖に際して詳細に引用された。そしてこれらの奇跡や恩寵、祝福や応えが得られたことが、今なお世界の至るところで報告されている。

　諸聖人の日〔すべての聖人を記念する日。西方教会では 11 月 1 日〕のすばらしい祝祭に関する特別の花はないが、個々の花でできた大きな芳しい花束を考えればよい。

　スペインではいずれにしても諸死者の日〔死したすべてのキリスト者を記念する日。11 月 2 日〕には小花のキクが捧げられるが、この花はサンタ・マリア、あるいは「死者の花 Flowers of the

Dead」と呼ばれ、決してほかの目的にはもちいられない。諸死者の日の前夜モロッコのタンジールでは、参列者はこの花束と食料の入った籠、それにガラス張りのランタンを持ってスペイン風の墓地に行き、墓の間で徹夜をする。まず祈りや聖歌が聞こえる。それから籠が開けられ、祈りの代わりに笑い声やおしゃべりが始まる。そして人々は眠りこむことさえある。しかしランタンは一晩中消えることなく燃え続け、四方八方にいる魔女や悪霊を寄せつけず、この季節に地上を再訪する信心深い死者の魂を導くのだ。墓の上に置かれた花はきつい香りを放つ。

「小さき貧者」、アッシジの聖フランチェスコ（10月4日）には特別に捧げられる花はない。しかしフランチェスコは必要とするだろうか。自分自身の不滅の「小さき花」を持っているではないか。その『太陽の賛歌』は、神の創造物に対して広く感謝を捧げる。その中には、「われわれを支え、生かし、さまざまな果実と色とりどりの花、そして草を与えてくれる母なる大地」も含まれる。

「小さき貧者」の祝日の2日後10月6日は聖レオナルドの祝日だが、その生涯について確かなことはわかっていない。しかし言い伝えによれば、レオナルドがサセックスのその名もレオナルドの森に隠棲していたときに、竜が近隣を荒らしまわっていた。聖人と竜はすさまじい戦いを繰り広げたが、竜は森の奥へと追いやられ、とうとう姿を消す。そして戦いのあった場所にはスズランが生え、毎年花を咲かせるようになったという。

クロタネソウがアレクサンドリアの聖カタリナ（11月25日）に結びつけられたのは、ゆたかな想像力が働いたからである。繊細な青い花は、車輪に似ていないこともない。そこでクロタネソ

ウは、この聖女に捧げられた。聖カタリナは鉄の釘を打ちつけられた車輪で体を轢かれ、斬首されたのである。

　最後に挙げるのは聖ブルーノ（10月6日）だが、ブルーノが運んでいる葉のついた十字架にはほとんど花がない。十字架の端にはオリーヴの葉が突然生えたと述べられており、1101年ごろに聖ブルーノが創設したカルトゥジオ会の聖務日課書の交唱聖歌を思い出させる。交唱聖歌ではブルーノは、もっとも不毛な土地に根をおろし実を結ぶオリーヴになぞらえられている。

第 12 章
冬の聖人
［12月、1月、2月］

　夏至に南中する太陽の位置がその運行の最高点に達するように、12月の冬至には太陽の位置はもっとも低くなる。そこで異教を崇拝していた祖先は盛んに火を焚いた。太陽が完全に消滅することをまたしても恐れて、太陽を蘇らせ、その力を強めようとしたのである。しかし天候がきびしいので、これらの火は野外の丘の上で焚かれる代わりに、住居の中で焚かれ、陽気に爆ぜた。こうしてこの薪がクリスマスの大薪と呼ばれるようになり、冬の祝祭は公共の場よりも家庭内でおこなわれるようになった。そしてこの冬至の火が消えずに残ったことにより、たとえその迷信は失われたとしても、古い異教の慣習も生き延びたのである。家にはかつて聖なるものとされた大枝が飾られ、ドルイドがあがめたヤドリギももちいられた。前述のように（11頁）、クリスマス・ツリーの周りで踊るのは古い樹木崇拝の名残なのだ。

　3世紀あるいは4世紀に、この世の光、われらが主イエス・キリスト降誕の大祝祭を、1年でもっとも暗いときにおこなうことを教会は決定した。そこで古い太陽の祝祭が救世主の降誕祭に

なったのである。6カ月早い夏至は、光の先触れ、洗礼者聖ヨハネの祝日とされた。冬至にはキリスト教徒は、光そのもの、受肉した神の御子の到来を祝ったのである。

クリスマスローズは大いなる祝祭の花で、この寒い暗い季節に地面に低く、はっとするような繊細な白い花を咲かせる。そのつつましさと清らかさは、この祝祭に不思議にふさわしく、「キリストのハーブ Christ's Herb」としても知られている。学名は、その根の色から、「黒いクリスマスローズ属」を意味する *Helleborus niger* （ヘレボルス ニゲル）である。

同様に顕現日（けんげんび）の花「ベツレヘムの星 Star of Bethlehem」（オオアマナ）にもその祝祭に似つかわしく、清楚な白い星のような花が咲く。

12月の最初の聖人は聖バルバラ（12月4日）で、名前が知られているにもかかわらず、完全に神話的な人物である。しかし捧げられる花がある。ウィンター・クレス（フユガラシ）で、この季節に生長し、「聖バルバラのハーブ Herb St. Barbara」あるいは

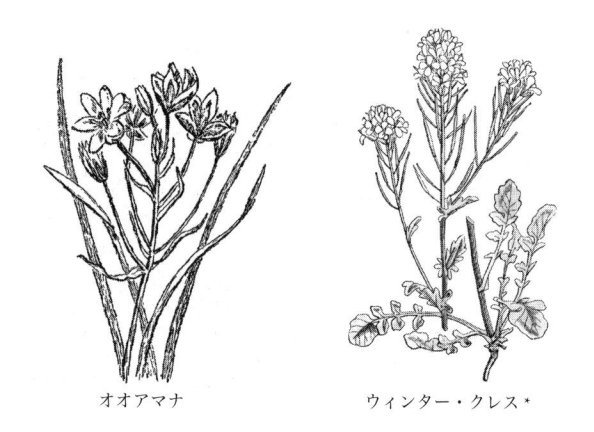

オオアマナ　　　　　　　　ウィンター・クレス*

セント・バーバラ・クレス（St. Barbara's Cress）と呼ばれている。小さな黄色い花が咲き、冬のサラダにもちいられる。

1170年12月29日に、イングランドの聖トマス・ベケットは、カンタベリー大聖堂で殺された。以来毎年同日が祝日となっている。大聖堂の高い祭壇奥のトリニティ・チャペルにある荘厳な聖廟へと向かう巡礼は、ハンドベルをつけた杖を携えて行くのを常とした。道々ベルを鳴らして行き、馬にベルをつけることもあった。このチリンチリン鳴る音が、「カンタベリーの鐘 Canterbury Bells」という花の名前のもとになった。カンタベリーあたりの森には、鐘に似た花カンパヌラが自生していたからである。

冬の暦の聖アンブロシウスの祝日（12月7日）にミツバチが登場するのは奇妙だが、栄えある聖歌『テ・デウム』を作ったと言われる偉大なる教会博士のエンブレムは、ハチの巣である。アンブロシウスが乳児の頃に、ミツバチの群れが揺りかごに巣を作り、そのために後年雄弁になったとされている*。

> * 口の中にハチが入ったが傷一つできなかった、あるいは口の中に入ったハチが不思議な作用のある蜜を垂らした、などの伝説がある。

1月1日はキリスト割礼祭であり、6世紀のアイルランドの修道女聖フェインの祝日である。捧げられる花はガマズミ（ラウルスティヌス）。狂詩を抜粋すると、

雨が降ろうと雪が降ろうと
聖フェインの花はきっと咲く
雨はまれで、降るのは雪
それでもこのガマズミはきっと咲く

第12章 冬の聖人

《聖アントニウスの誘惑》でお馴染みの聖アントニウス（1月17日）は、ブタを自身が克服した肉体の卑しい欲望の象徴とみなした。そして絵画ではブタと小さな鐘とともに描かれている。小さな鐘は修道士のエンブレムによく見られる。聖アントニウスがブタの守護聖人となったのは、言うまでもない。そしてブタが熱心に探すピーナツも「聖アントニウスのナッツ　St. Anthony's Nut」と呼ばれた。ブタのもうひとつの好物はキンポウゲ属の一種（Bulbous Crowfoot）の根で、これは「聖アントニウスのカブ　St. Anthony's Rape, Turnip」として知られている。

　クリスマスローズは、その清らかさゆえに聖アグネス（1月21日）にも捧げられ、「聖アグネスの花　Flower of St. Agnes」と呼ばれることもある。14歳という若さで殉教したこの乙女は、純潔の特別な守護聖人で、子羊がそのエンブレムである。昔アグネスの祝日には、もっとも清らかな、もっとも白い子羊が祭壇に捧げられた。ラヴェンナのモザイクに描かれた白いローブをまとった聖女のひとりで、足下には小さな子羊がその顔を見上げながら歩いている。

　聖パウロの回心の祝日（1月23日）には、もう一度クリスマスローズが役目を果たす。どうやらまだ咲いていたらしい。そしてお

聖アグネス
（ラヴェンナのモザイク）

そらく同様に咲いているからという理由で、聖ヒラリウス（1月13日）のためには冴えない小さなバレン・ストロベリー（Barren Strawberry）が選ばれた。1月に咲いている花はわずかしかない。

　2月になるとほかの花が咲き始めるが、風は肌を刺すように冷たく寒い。雪が降りがちで、日脚が伸びたのもほとんどわからない。だから2月を冬の月として、春の訪れを待つのである。

　生まれたてのいたいけなものすべて──咲き出したばかりの花、子羊、生後まもない赤ん坊──の守護聖人は聖ブライドあるいはブリジット（2月1日）である。5〜6世紀のケルト人首長の娘で、自分の特別な幸いとして、「憐れみ深い人々は、幸いである。その人たちは憐れみを受ける」を選び、生涯を通して憐れみ深く、若く弱く苦しんでいるものに優しかった。聖ブリジットと言えば、真紅のアネモネ「セント・ブリジット」が思い浮かべられるが、捧げられるのはほかの花、春一番に咲く素朴なタンポポである。もっと以前に異教の「美しいブライド」、ゲール人の詩の女神がいたが、その花もタンポポだった。明らかにこれが引き継がれたのである。

　2月3日は1世紀のカッパドキアの司教聖ブラシウスの祝日である。そのエンブレムは鉄の櫛で、拷問にかけられたときの道具だったと言われているが、おそらく誤りだろう。ブラシウスの信徒の多くが毛織物職人だったので、信徒を助けるためにブラシウスはチーゼル（ラシャカキグサ）の硬い穂で布を梳く方法を考え出した。それは今でもおこなわれている。その細かさ、タッチの軽さ、弾力性には、金属の櫛はかなわない。当然のことながら、聖ブラシウスは毛織物職人すべての守護聖人になり、とりわけ

ヨークシャーで、そしてノリッジであがめられた。ブラシウスの祝日には工場はすべて休日となり、労働者はチーゼルの代わりにアザミを持って通りを行進した。アザミは同じようにとげに覆われており、チーゼルより手に入れやすい。

　宗教改革前には、これらのアザミは教会に持って行かれ、祭壇に供えられた。毛織物職人は喉を患うことが多かったので、聖ブラシウスは喉の守護聖人になる。その祝日に喉を痛めた者が祈りを捧げる間、とくにアザミをしっかり握り締めていれば効き目があると考えられた。

　聖ウァレンティヌス（2月14日）は、1世紀のローマの司教にして殉教者で、何と三つの役目を担っている。まず春の到来を告げる。というのもその花は黄色いクロッカスで、暗い冬の後最初に明るい色をもたらすからである。クロッカスの群れは、はっとするほど美しい。輝くオレンジ色のカップは光を閉じ込めたようだ。そして緑の尖った葉の間で燦然ときらめいたので、ホメロスは感嘆して言い放った。「燃え立つようなクロッカスが山を輝かせる」。イギリスでもジェラードが書いている。「本当にまばゆいばかりの黄色い花をつけるが、もちろんその色は燃える炭の色とは異なる」。

　ヴァレンタイン・デーの行事は聖ウァレンティヌスに由来するものではない。おそらくさらにずっと古く遡るのである。後にキリスト教が成立したとき、あれこれの理由で2月におこなわれていたその慣習の日に、聖ウァレンティヌスの祝日がもっとも近かった。聖ウァレンティヌスが恋人の守護神になったのは、まったくの偶然だったのである。実際には聖人は女嫌いだったと考えられている。さて人間の恋人の守護聖人から、鳥の司教まではほんの

一歩である。この頃鳥はつがい始める。人間の恋愛を司るこの聖人以上に、鳥のつがいを祝福するのにふさわしい者がいようか。

「ハーブ・マーガレット Herb Margaret」と呼ばれたヒナギクは、聖マルガレータのみならず、何人かの聖女と関係がある。しかしもっとも密接な関係があるのは、コルトナの聖マルガレータ（2月22日）で、若い頃は自堕落な生活をしていたが、悔い改めフランシスコ会の在俗会に会入した。マルガレータを象徴する花は以下のように述べられている。

　　　　白と赤に彩られた花がある
　　　　コルトナの改悛者を祝して
　　　娘たちはマルガレータの花と呼ぶ
　　　　その心は罪を深く悔い
　　　　良心の呵責に引き裂かれ
　　　　泣きはらした目は赤くなった
　　　　しかし憐れみ深い神は
　　　その改悛に報いて与えて下さった
　　　　雪よりも白い純潔を
　　　　ゆえにこの清らかな花は
　　　　　白と赤に彩られた
　　　娘たちはマルガレータの堂に撒く

もっとも愛されているイギリスの野の花について、イタリアの聖女との関係はここまでにしよう。チョーサーは、この花についてこう書いている。

　　　ああ理由(わけ)あって、人はその花を

昼の目(まなこ)（The Daisie, or else the eye of the Day）と呼ぶ
花の女王、花の中の花

「純潔の花 Flower of Innocence」という名前はまさしく似つかわしい。なぜなら何と言っても小さな子供に愛されているからだ。私たちの大方のもっとも幼い頃の記憶には、ヒナギクがちりばめられている。小さな花は地面近くに咲き、赤ん坊の手の届くところにある。そしてほかの花とは異なり、摘んでも叱られることはない。私たちはヒナギクの咲く芝地や野原に座って、心ゆくまでこの花を摘むことができた。そして先がピンクの白い花びらと金色の蘂のかわいらしい花を手にしては喜んだ。ヒナギクが閉じて、ちょうど私たちのように眠りにつくのも、幼心をとらえる。それから花輪を作ることを覚え、花びらをむしりながらする花占いも覚えた。そして「足の下にヒナギクの花が20以上咲くようにならなければ、夏は来ない」ことも知った。「ちっぽけな赤く縁取られた花」に、記憶を呼び覚ます大きな力があるのは、ちょっとした驚きである。ヒナギクを見ると、人は一瞬にして幼時を思い出し、あるいはイギリスの田舎の情景をまざまざと思い浮かべるのだ。

ヒナギク

第 13 章

死後の聖人

　聖人が花と関わりがあるのは、生前のことだけではない。死後にも聖人を祝して奇跡のように花が咲くことがある。一般に「キト〔エクアドルの首都〕のユリ」として知られている聖マリアナ（5月 26 日）が 1645 年に殉教した後、その血が落ちたところに丈の高い白ユリが咲いた。そしてチロルのリンの少年殉教者聖アンドレアス（7 月 12 日）が埋葬された後、ユリのようなアスフォデルがその墓に咲いた。

　ブルターニュの感動的な伝説は、14 世紀の哀れな白痴の少年に関するものである。少年の本当の名前はサローンあるいはソロモンだったが、村人は馬鹿にしてフォルゴートと呼んだ。少年は食べ物を乞い求めて、村の戸口から戸口へと叫んで歩いた。「ああ、マリア様、サローンにパンをお恵みください」。夜には「愚か者の森」として知られていた小さな森の木の枝の上で眠った。そして寒くなると暖をとるために大枝の上で揺れながら、悲しげに泣き叫ぶのだった。

　少年は 1358 年の諸聖人の日に死に、地元の教会の墓地に埋められた。するとその墓からユリが生えて純白の花が咲き、6 週間咲き続けたのである。それには誰もが驚いた。この奇妙なできご

とは是非調べてみなければなるまいということになり、人々が少年の墓を開けてみると、何とユリはあわれな白痴の少年の口から生えていたのである。この話はすぐに広まり、ユリはつつましい信者の聖性と純潔の証しとして、聖母マリアによって与えられた恩寵のしるしであるという判断が下された。少年は、思い出され崇拝されるようになると、聖人の列に加えられ、敬意を表して教会が建てられた。フォルゴートの聖母マリア教会は、巡礼者にとってブルターニュのそのあたりでもっとも人気のある聖堂になっている。

　別の中世の話はトスカーナのものである。1253年に貧しい少女が、悲惨な状態で死にかけていた。体がひどく麻痺してただれ、みじめなあばら家にはハツカネズミやドブネズミが走り回っている。しかしその少女フィーナはこれらの恐ろしい試練すべてに、不平も言わずに静かに耐え、聖グレゴリウスに一心に祈りを捧げていた。するとある晩聖グレゴリウスの幻が現れて言った。「いとし子よ、私の祝日にキリスト様がおまえに休息を与えてくださるだろう」。

　こうしてそれは実現し、3月12日に少女は死んだ。隣人たちが哀れな小さな亡骸の埋葬の準備をし、柩に入れようと亡骸を持ち上げると、その下はすばらしい香りの白いスミレで覆われていた。そこでイタリアのその地方の農民は、フィーナが死んだ頃に咲いていたこの花を「聖フィーナの花　St. Fina's Flower」と名付けた。

　これらは聖人の死後に生えた、あるいは咲いた花に関する伝説のほんの一部である。そしてこれらの物語と近い関係にあるのが、「聖なる香り」を放つ腐敗しない遺体の物語である。2世紀には

この現象は、キリスト教徒にとって馴染み深いものだった。そしてその香りは、甘い芳香性のハーブのにおい、あるいはスミレ、バラ、そのほかの花の香りだったと思われる。

きわめて古い例は柱頭行者聖シメオンで、シメオンは1世紀に30年間柱の上で暮らした。師の返事がないので、弟子のひとりが上って行って遺体を見つけたが、遺体からは香料の香りが立ちのぼっていた。

何世紀にもわたって、死後だけでなく、存命中にも起こったこの種の顕現が伝えられている。いくつかの例では聖人が触れた人や衣服、房や物が香りを放つ。ある修道女の指は芳香がした。

アビラの聖テレサの遺体は、死後何年もすばらしい香りを放っている。そしてリマの聖ローザの遺体は埋葬後13年たってもなお芳しかった。18世紀には、この聖なる香りの説明が提出された。「天使がいると、遺体はよい香りを発する」。

サー・トマス・マロリーは、その著作『アーサー王の死』(1470年頃)で、死の間際に悔悛したサー・ランスロットについて次のように述べている。

> サー・ボールスとその従者がサー・ランスロットの床に来てみると、ランスロットは死んでいた。その顔は微笑んでいるかのようで、あたりにはそれまでかいだこともないような芳香が漂っていた。

聖フィロメナ(8月10日)の場合は、わずかに異なる。1527年にアンコーナのサン・セヴェリーノにあるサン・ロレンツォ教会の古い祭壇が取り壊された。中には柩があって、その中の「少

女の遺体は完全なまま。顔はまれなほど美しく青緑のドレスをまとい、摘んだばかりの新鮮な芳しい花やハーブに囲まれていた」。首にかけられた紐には一片の羊皮紙が結びつけてあり、そこには、少女は「サン・セヴェリーノの貴族出身の聖フィロメナで、東ゴート王国の時代に祭壇の下に置かれる」と書かれ、最後に「私、司教セウェリヌスがこれを記す」という厳粛な証言が加えられていた。

　この記述の日付は、5世紀にセウェリヌスが司教だったときのものだったので、遺体は少なくとも1000年もの間奇跡的に美しいままに保たれていたのである。それにしても聖セウェリヌスは、この記述にどうして16世紀の文体をもちいることができたのだろう。それはもうひとつの奇跡だろうか。それともすべて——柩、遺体、花、書付——が巧妙に仕組まれた偽物だったのだろうか。ローマ教皇クレメンス7世は、奇跡であるという見方を採用し、聖人として崇拝することを許した。遺体は大理石の墓に埋葬され、羊皮紙は水晶の箱に入れられた。

　この話を受け入れるも受け入れないも、自由である。この話、あるいは聖人に関する何らかの伝説を信じなければならないということはない。本物であることを立証されているものもあれば、そうでないものもある。『使徒言行録』の記録も、そもそも誇張されているか、歪曲されているかもしれない。ヒステリーあるいは妄想のせいで、幻覚、幻影、そして多くのいわゆる奇跡がもたらされた可能性もある。他方、記録されたできごとが起きるはずはないと言いきれるだろうか。使徒によってしるしや奇跡がもたらされたのである。神の手は時代を超えて働いている。科学がすべてを説明することはできない。信仰は奇跡を信ずる。

聖なる香りの例は、イングランドの王の中にも見られる。1066年にウェストミンスター寺院に埋葬された証聖者国王エドワードの墓が36年後に開けられたときに「寺院を満たした芳香」について、詳細なことはわかっていない。その墓では多くの奇跡が起っており、王の遺体もまた奇跡的に腐敗していなかったという噂が流れた。当時の大修道院長は、この報告を実証すること、あるいは否定することが自分の義務だと考え、司教ならびに「ほかの信心深くりっぱな人々と」墓をあけた。するとたちまちあたりは芳香で満たされ、被いが取り除けられ、衣装がほどかれると、国王はまるで眠っているかのようだった。肌はまだ白く赤みがさし、四肢はやわらかい。大修道院長と友人たちは恭しく国王を再び被い、墓を封印した。そして遺体の平安を乱さぬようにという命令が出された。

　このできごとやほかの奇跡にもかかわらず、聖エドワードが聖人に列せられたのは、1161年になってからである。後の墓所の検分はそれほど恭しくはおこなわれなかった。1163年に不思議な働きをする遺物として指輪が抜き取られ、ローブは儀式用に取り去られた。

第14章
ノーズゲイ*

＊甘い香りの小さな花束

　自然を愛したあのやさしい聖人聖フランシスコ・サレジオは、黙想の心得を次のようにしめくくっている。

> 祈り終えたら、少し歩きながら思いをめぐらし、その日1日その香りを楽しめるように、信心の小さな花束を作りなさい。

これはすてきな考えだ。この小さな本の最後の章に、花から学んだ人々の思想や著作の小さな花束を捧げたい。聖フランシスコが示唆したように、その香りに触れてみよう。
　17世紀の本草家ジョン・パーキンソンは、ノーズゲイについておもしろい言葉を使っている。「見た目も香りも繊細なタッシー・マッシー（tussie-mussie）」と呼んでいるのだ。家族がいなかったので、花を子供のように思っていたが、花を愛でながら自分の庭を歩いているときに次のような考えに至った。

> 多くのハーブや花は甘い香りがして心地よく、いわば聖

霊を蘇らせるように、家全体を芳しくする。高潔に生きて、善をおこない、骨を折って神の教会と社会のためになることをした人は、まさにそのように、いわばすばらしい教えという喜ばしい香りを放ち、生きていた時代のみならず、花が乾いて、しおれ、枯れるように死んだとしても、以後ずっとその香りが増しこそすれ、消えることはない。

たぶんパーキンソンは黙想を続ける前に、かがんで枯葉を取り除いたり、垂れ下がった植物をくくりつけたりしたことだろう。

ささやかな美しさや香りを推奨されているあまたのハーブや花には、もっと多くの美点や効能がある。同様にたぐいまれな資質や美徳を持つきわめて多くの人々が、時がきてその特質を現わすまでは、知られず、尊敬されもしない。

神の創り出した自然における神の力と智恵を、庭師が見誤ることはめったにない。かくしてジェラードは、次のように言う。

植物で飾られた大地は、さながら東洋の真珠やさまざまなれで高価な宝石で飾られ、刺繍を施されたローブをまとえるがごとくである。この美しい大地を見るより大いなる喜びがあろうか。しかしこれらの喜びは外面的なものである——主たる喜びは内面的なものだが、これらの目に見えるものを知ることによって、不思議にゆたかになる。なぜなら目に見えるものは、全能なる神の目に見えない智恵と驚嘆すべき御業(みわざ)を解き明かしてくれるからである。

第14章 ノーズゲイ　139

サミュエル・ギルバートは、『園芸便覧』（1682年）の中で、同じ考えを述べている。

> 花はそれぞれ全能の神の摂理を示している。だからわれわれの庭を飾るこれらの神の美しい手仕事から、神意を読み取ることができるだろう。

後世の人はもっと簡単に述べている。

> おのおのの花に教えあり
> おのおのの木にも木陰にも物語あり
> われらが踏みゆくいずれの草にも
> 言の葉ありて、正しく読まば
> 地上の芳しき草地より
> 望みへと、聖なる神へとわれらを導ける

聖人はすべてが死者ではない。今日私たちの中にも修行中の聖人がいる。ある女性が教会の司祭から次のように祈ってもらったのは、それほど昔のことではない。「偉大なる聖人になられますように」。精神的活動においても聖フランシスコ・サレジオが助けてくれる。フランシスコは黙想を、ナデシコ、バラ、ローズマリー、タイム、ジャスミン、オレンジの花の香りをひとつ、ひとつ、そして別々にかぐこととして説明する。しかし観想の喜びは、すべての花の香りがひとつになった芳香をかぐことによって得られるのである。

これまで見てきた聖人よりも後の時代の聖職者は、庭仕事が信

心を助けることに気づいていた。ジョン・ローレンスは1714年に『聖職者の気晴らし』の中で、次のように述べている。

> この種の気晴らし、つまり園芸が、私自身の心のくつろぎと落ち着きに大変役立っていることを、神に感謝している。庭に入り歩きながら黙想すれば、多くの神学上の問題について、あまたの有用な考えが浮かんでくる。とりあえず尊敬すべき仲間に庭を愛するよう勧め、誘わずにはいられない。比喩的な意味でも、文字通りの意味でも、非常に多くの果実を、私自身はいつも庭から得ているのだから。

17世紀の王座裁判所首席裁判官ヘイルは、自分の心の貧しい部屋をきれいに掃除するために、神の恩寵を請い求め、洗い流すために涙を流した。

　　　そして心の部屋を掃き出して洗い流したら、行こう
　　　　　　　神よ、あなたの許しを得て
　　　神よ、あなたの庭に咲き出た花を摘んで来よう
　　　神よ、あなたへの信仰と愛をもって部屋を飾ろう
　　　　　　　ローズマリーや月桂樹で
　　　　　　　　最善を尽くしてもなお
　　　私の部屋は偉大なる神にはふさわしくない
　　しかしここに救いがある——神よ、あなたの存在が
　　　　　　　　その存在のみが
　　馬小屋を宮廷に、飼い葉桶を玉座になせるのだ

最後に自分の花束*を携えたジョージ・ハーバート〔17世紀イ

ングランドの詩人〕がいる。

　　　　　　　　　　　　＊花束（posy, posie）には、詩や銘という意味もある。

　日が駆けゆく間に　私は花束をこしらえた、
　ここでこそ　わが余生を尽くして　花の香りをかごう
　　　　　そして　わが生命(いのち)を
　　　　　　　この花束のうちに結わえよう　と。
　ところが、時が　花たちへ手招きするや、花たちは
　真昼までには　気づかれぬよう　そっと抜け落ち
　　　　　　わが掌のなかで　萎れていった。
　わが手が　花に一番近く、次いでこの胸が——
　私はこれ以上考えることもなく　こころよく
　　　　　　時の穏やかな警告を　受けとった。
　時は実に優しく　死の哀しい味わいを伝え、
　私の心に　わが最期(いまわ)の日を嗅ぎとらせてくれた、
　　　　　　その不安には　砂糖をまぶしつつも。
　さようなら　いとしい花たちよ、
　　そなたたちは　見事にその生涯を生きた、
　生あるうちは　香りや飾り
　　　　　　死しては　薬用に　ふさわしく。
　私は　愚痴も悲嘆もなく　すぐにあとを追おう、
　もしわが香りが馨しければ
　　　　たとえそなたたちの生命(いのち)同様　はかなくとも
　　　　　　私は　気にはしないゆえに。

　　　『ジョージ・ハーバート詩集』より「人生」（鬼塚敬一訳）

おお神よ　聖人の王よ、あなたを信じ、畏れて生を終えたあなたのあらゆるしもべのために、聖母マリア、聖なる族長、預言者、使徒、殉教者のために、すべてのほかの正義のしもべのために、あなたの聖なる御名をほめたたえ、賛美します。そして彼らの例に励まされ、彼らのとの交わりによって強められ、彼らの祈りに助けられて、あなたの御子われらが主イエス・キリストによりて、われらが永遠の命を授かることをお願いいたします。

スコットランド聖公会祈禱書

植物名索引

アイリス 3, 5, 6, 8, 43, 112, 148
アークアンゼリカ（アンゼリカ）118, 146
アザミ 24, 130
アシ 27, 112
アスフォデル 133, 146
アネモネ 24, 54, 129, 146, 151
アメリカセンノウ 102, 151
アルケミラ 47, 146
アルメリア 57, 152
アレルヤ 94
アンゼンジュ 21, 151
（野生の）アンゼリカ 118, 152
イエス・キリストの足跡 24
イエロー・アークエンジェル 115, 152
イエロー・ラトゥル 103, 152
イガマメ 19, 151
イチゴ（エゾヘビイチゴ）18, 52, 152
イチジク 24, 34, 147
イトシャジン 54, 148
イトスギ 15, 16, 30, 147
イノンド 27
イバラ 24, 27, 30, 121
イラクサ 18, 149
インドボダイジュ 13, 150
ウイキョウ 33
ウィンター・クレス 126, 152
ウェヌスの鏡 17, 55
ウェヌスの冠 58
ウェヌスの櫛 17, 38, 55
ウェヌスの水盤 17
ウォーターミント 114
ウッド・クレーンズビル 18, 152
上靴蘭 51
エゾヨモギギク 98, 152
エノキ 14
エリコのバラ 21, 151
エールコスト 114
オオアザミ 58, 150
オオアマナ 126, 152
オーク 9, 10, 16, 30, 149
オダマキ 8
オーディンの恩寵 18
乙女の木陰 57, 91
オーバーシューズとクロッグ 55
オリーヴ 30, 48, 57, 124, 149
オレンジ 140
カウスリップ 55, 103, 147
風にそよぐ葦 24

カタバミ 93, 94
カッコウセンノウ 90
カバノキ 101, 146
カブ 110, 152
ガマ 27, 150
ガマズミ 127, 148
カモミール（ジャーマンカモミール）91, 111, 114, 146
カラシ 24
カラフトアツモリソウ 51, 151
カルヴァリの木 11, 30
カンショウ 24, 151
カンタベリーの鐘 127
カンパヌラ 54, 61, 127, 151
黄色い大天使 115
祈願の花 94
キク（小菊）122, 146
キヅタ（セイヨウキヅタ）91, 148
キツネノテブクロ 54, 147
キドニー・ヴェッチ 16, 55, 148
行列の花 94
キリストのイバラ 30, 93
キリストのハーブ 126
銀色の茂み 55
キンセンカ 3, 5, 60, 79, 149
ギンバイカ 17, 149
キンポウゲ 90, 146
クウェイキング・グラス 98
クマツヅラ 13, 119, 152
グラウンド・アイビー 57, 58, 148
クリストフォルスのハーブ 110
クリスマスローズ 20, 126, 128, 146
クルミ 98
クレマチス 57, 91, 152
クロタネソウ 123, 149
クロッカス 15, 90, 130, 147
ゲッケイジュ 15, 91, 141, 148
ゲッセマネ 31, 147
コヴェントリーの鐘 93
心の慰め 107
コストマリー 114, 147
ゴートウィード 106, 148
子羊の蹄の先 55
コミヤマカタバミ 95, 152
小麦 24, 152
コメツブウマゴヤシ 95, 146
サクラソウ 90, 149
サムファイア 103, 104, 151

サンシキヒルガオ 47
サンタ・マリア 122
三位一体草 107
ジギタリス 54, 147
司教の草 107
死者の花 122
四旬節のユリ 93
シベナガムラサキ 98, 152
シャクヤク（オランダシャクヤク）43, 110, 150
ジャスミン 108, 140
シャムロック 95
シャロンのバラ 54, 151
十字架の花 94
修道士のフード 37
受難の花 33, 91
シュロ 93
シロツメクサ 95, 147
白ユリ 16, 38, 48, 57, 59, 61, 78, 90, 101, 118, 133
スイセン 15, 149
スズラン 58, 110, 123, 149
スタガーワート 104
スノードロップ 59, 60, 90, 151
スベリヒユ 57, 152
スミレ（ニオイスミレ）8, 43, 85, 86, 134, 135, 152
聖アグネスの花 128
聖アントニウスのカブ 128
聖アントニウスのナッツ 128
聖イグナティウスのマメ 111
聖ゲオルギウスのひげ 37
聖ゲラルドスの薬草 106
聖なる干し草 19
聖パトリックのキャベツ 96
聖バルナバのアザミ 104
聖バルバラのハーブ 126
聖母のアザミ 58
聖母の印章 57
聖母の上靴 50
聖母の鍵 55
聖母のガードル 50
聖母の髪 55
聖母の靴下留め 50
聖母のクッション 57
聖母の財布 57
聖母の燭台 57
聖母のスモック 51, 90

聖母の小さなブドウの木　58
聖母の手袋　54
聖母のナイトキャップ　47
聖母の涙　58
聖母のハーブ　57
聖母のマント　47
聖母の三つ編み　55
聖母の耳飾り　55
聖母の指貫　54
聖母のリボン　50
聖母のレース　50
聖母マリアの床藁　19
聖母マリアのハーブ　58
聖フィーナの花　134
聖ペトロのハーブ　103
聖ヤコブの草　40, 104, 106
聖ヨセフの小さな杖　61
聖ヨセフの杖　61
聖ヨセフのユリ　61
セイヨウオキナグサ　93, 150
セイヨウオダマキ　112
セイヨウキョウチクトウ　61, 149
セイヨウクロウメモドキ　30, 146
セイヨウズオウ　34, 148
セイヨウナツユキソウ　50, 149
セイヨウハマナツメ　30, 93, 152
セイヨウボダイジュ　44
セイヨウミヤコグサ　15, 51, 146
聖霊の根　118
セランダイン（レッサー・セランダイン）　119, 121, 149
セント・ジョンズ・ワート　37, 101, 102, 151
セント・バーバラ・クレス　127
ゼンマイ（レガリスゼンマイ）　110, 151
ソロモンの封印　57
タイム　140
タチアオイ　3, 5, 6
タツナン　102, 152
旅人の喜び　57
ダマスク・ローズ　78, 151
タマリスク　34, 152
タンジー　98, 99, 152
ダンチク　24, 150
タンポポ（セイヨウタンポポ）　129, 147
チーゼル　17, 129, 130, 152
ツゲ　30, 146
手の指　55
トケイソウ　33, 34, 150
トネリコ　10

トリカブト（ヨウシュトリカブト）　18, 146
トールのかぶと　37
トールのひげ　37
トールの帽子　18
ナガミノセリモドキ　17, 38, 55, 152
ナツメヤシ　28, 30, 57, 63, 64, 66, 150
ナデシコ　8, 82, 140
2月の乙女　60
ニワトコ（セイヨウニワトコ）　18, 34, 147
ニンニク　98, 147
猫のロザリオ　47
ハゴロモグサ　47, 146
バジル　13, 146
ハス　12, 13, 148
パセリ　58, 110, 150
ハッカ　24
バックソーン　27
ハナタネツケバナ　51, 90, 147
パピルス　19
ハーブ・ベネット　96, 97
ハーブ・マーガレット　131
ハーブ・ロバート　97, 148
ハマカンザシ　57, 152
バラ　38, 40, 42, 45, 57, 62, 64, 66, 67, 70, 74, 85, 86, 91, 122, 135, 140, 151
バレン・ストロベリー　129, 146
パンジー（ワイルド・パンジー）　107, 152
ヒアシンス　15, 148
ヒイラギ（セイヨウヒイラギ）　91, 148
ヒナギク　5, 54, 131, 132, 147
ヒナゲシ　15, 42, 53, 54, 148
ピーナツ　128, 147
ヒマラヤスギ　13, 30, 147
ヒマワリ　91, 152
ビャクシン　20, 21, 28, 30, 148
ビロードモウズイカ　16, 148
ヒロハヒルガオ　47, 148
フィルバート・ナッツ　111
フェンネル　101, 147
フクシア　55, 147
ブシー・ウィロー　93
ブタのペチコート　55
復活草　21
ブドウ（ヨーロッパブドウ）　15, 24, 152
フユガラシ　126, 152
ブライドワート　50
ブラック・ブリオニー　47, 146
フランスギク　98, 101, 149

プリムラ　55, 57, 149
ブルーベル　90, 97, 146
フレイヤの髪　18, 38
ベツレヘムの星　126
ペニーウィード　103
ベンガルボダイジュ　13, 146
ホウライシダ　18, 38, 149
ポプラ　30, 33, 34, 44, 146
ボーンス　107
マグワート　121, 149
マツ（オウシュウアカマツ）　30, 150
マドンナ・リリー　59, 149
マリゴールド　60, 149
マルタゴン・リリー　24, 149
ミカエルマス・デイジー　91, 115, 149
ミルクワート　94, 149
ムラサキウマゴヤシ　19, 148
ムラサキベンケイソウ　101, 149
メドウスイート　50
モードリン・ワート　114
ヤグルマセンノウ　90
ヤドリギ　10, 125, 148
ヤナギ　93, 149
ヤネバンダイソウ　16, 37, 148
ユダの木　55
ユノのバラ　16, 38
ユピテルの笏　16
ユピテルの杖　16
ユピテルのナッツ　16
ユピテルのひげ　16, 55
ユピテルの目　16
ユリ　8, 42, 60, 62, 67, 70, 85, 134
ヨウシュツルキンバイ　23, 151
ヨウラクユリ　27, 79, 96, 147
揺籃草　19
ヨーロッパヤマナラシ　30, 146
ラヴェンダー　40
ラウルスティヌス　127, 148
ラグワート　104, 150
ラシャカキグサ　17, 129, 152
ラッパズイセン　90, 93, 94, 147
ラングワート　58, 149
リーキ　94, 110, 149
リボングラス　50, 150
レゴウシア　17, 55, 152
老人のひげ　57
ロザリオ　47
ローズマリー　21, 23, 140, 141, 151
ロータス　13, 14, 15, 147
ロンドン・プライド　96, 149
ワイルドタイム　114
ワレモコウ　114

植物名一覧

★英語名（原本での表記）、学名、和名、科名、写真掲載頁の順に記す。
★学名（植物学上の名前＝イタリック体）は原本のリストに拠る。

Alchemilla *Alchemilla vulgaris* アルケミラ、ハゴロモグサ バラ科 PL-1
Ale-cost → Costmary
Alleluias → Wood-sorrel
Aloes *Aquilaria agallocha* ジンコウ（沈香） ジンチョウゲ科
Anemone *Anemone coronaria* アネモネ キンポウゲ科 PL-1
Apple *Malus pumila* リンゴ バラ科
Archangelica *Angelica officinalis* アンゼリカ、アークアンゼリカ セリ科 PL-1
Aspen *Populus tremula* ポプラ（ハコヤナギ属の総称）、ヨーロッパヤマナラシ ヤナギ科 PL-1
Asphodel *Asphodelus* アスフォデル（ツルボラン属の総称） ツルボラン科（ユリ科） PL-1
Banyan *Ficus benghalensis* ベンガルボダイジュ クワ科 PL-1
Barren Strawberry *Potentilla sterilis* バレン・ストロベリー（キジムシロ属の一種） バラ科 PL-1
Basil（Sweet Basil） *Ocimum basilieum* バジル、スイートバジル シソ科 PL-1
Birch *Betula alba* カバノキ属の一種 カバノキ科
Bird's-foot Trefoil *Lotus corniculatus* セイヨウミヤコグサ マメ科 PL-2
Bishop's Weed → Goutweed
Black Bryony *Tamus communis* ブラック・ブリオニー ヤマノイモ科 PL-2
Black Medick *Medicago lupulina* コメツブウマゴヤシ マメ科 PL-2
Black Nonsuch → Black Medick
Blue Aconite *Aconitum napellus* ヨウシュトリカブト キンポウゲ科 PL-2
Bluebell *Scilla nutans* ブルーベル キジカクシ科（ユリ科） PL-2
Bo-treg → Peepul
Box *Buxus sempervirens* ツゲ属の一種 ツゲ科
Bridewort → Meadowsweet
Buckthorn *Rhamnus cathartica* セイヨウクロウメモドキ クロウメモドキ科 PL-2
Bulbous Crowfoot *Ranunculus bulbosus* キンポウゲ属の一種 キンポウゲ科 PL-2
Button Chrysanthemum *Chrysanthemum*（small Pompom variety） ポンポン咲きの小菊 キク科
Camomile *Matricaria chamomilla* ジャーマンカモミール キク科 PL-2
Candlemas Bells → Snowdrop
Canterbury Bells *Campanula medium* フウリンソウ キキョウ科 PL-3
Cedar *Cedrus libani* レバノンスギ マツ科 PL-3
Christmas Rose *Helleborus niger* クリスマスローズ キンポウゲ科 PL-3

Christ's Herb　→ Christmas Rose
Christ's Thorn　→ Tree of Calvary
Cockscomb　→ Yellow Rattle
Costmary　*Chrysanthemum balsamita*　コストマリー、バルサムギク　キク科　PL-3
Coventrie-bels　→ Pasque Flower
Cowslip　*Primula veris*　カウスリップ、キバナノクリンザクラ　サクラソウ科　PL-3
Cradlewort　→ Our Lady's Bedstraw
Crocus　*Crocus vernus*　クロッカス　アヤメ科
Cross-flower　→ Milkwort
Crown Imperial　*Fritillaria imperialis*　ヨウラクユリ　ユリ科　PL-3
Crown of Venus　→ Mint
Cuckoo-flower　*Cardamine pratensis*　ハナタネツケバナ　アブラナ科　PL-3
Cypress　*Cupressus*　イトスギ（イトスギ属の総称）　ヒノキ科　PL-3
Daffodil　*Narcissus pseudo-narcissus*　ラッパズイセン　ヒガンバナ科　PL-4
Daisy　*Bellis perennis*　ヒナギク、デージー　キク科　PL-4
Dandelion　*Taraxacum officinale*　セイヨウタンポポ　キク科
Deodar　*Cedrus deodara*　ヒマラヤスギ　マツ科　PL-4
Dodder　*Cuscuta europaea*　ネナシカズラ属の一種　ヒルガオ科　PL-4
Dutch Clover　*Trifolium repens*　シロツメクサ　マメ科　PL-4
Earth-nut　*Arachis hypogea*　ピーナツ、ラッカセイ　マメ科
Eggs and Bacon　→ Kidney Vetch
Egyptian Lotus　*Nymphaea caerula*　エジプシャン・ロータス（スイレン属の一種）　スイレン科
Elder　*Sambucus nigra*　セイヨウニワトコ　レンプクソウ科（スイカズラ科）　PL-4
Fair Maids of February　→ Snowdrop
Fennel　*Foeniculum vulgare*　フェンネル　セリ科　PL-4
Fig　*Ficus carica*　イチジク　クワ科
Filbert　*Corylus maxima*　フィルバート（ハシバミ属の一種）　カバノキ科
Fingers and Thumbs　→ Kidney Vetch
Flower of Innocence　→ Daisy
Flower of St. Agnes　→ Christmas Rose
Flower of St. Faine　→ Laurustinus
Flowers of the Dead　→ Button Chrysanthemum
Footsteps of our Lord　→ Silverweed
Foxglove　*Digitalis purpurea*　キツネノテブクロ、ジギタリス　オオバコ科（ゴマノハグサ科）　PL-4
Frankincense　*Boswellia carteri*　ニュウコウジュ　カンラン科　PL-5
Fuchsia　*Fuchsia*　フクシア（フクシア属の総称）　アカバナ科　PL-5
Garlic　*Allium sativum*　ニンニク　ネギ科（ユリ科）
Gethsemane Orchis　おそらく *Orchis lattfolia*　ゲッセマネ（ハクサンチドリ属の一種）　ラン科　PL-5
Gethsemane　→ Gethsemane Orchis

Goutweed *Aegopodium podagaria* ゴートウィード（エゾボウフウ属の一種）　セリ科 PL-5
Granadilla → Passion Flower
Great Candlestick → Scarlet Lychnis
Great Mullein *Verbascum thapsus* ビロードモウズイカ　ゴマノハグサ科 PL-5
Greater Bindweed *Convolvulus sepium* ヒロハヒルガオ　ヒルガオ科 PL-5
Ground-ivy *Glechoma hederacea* グラウンド・アイビー（カキドオシ属の一種）　シソ科 PL-5
Harebell *Campanula rotundlfolia* イトシャジン　キキョウ科 PL-5
Heart's-ease → Wild Pansy
Herb Bennet → Wood Avens
Herb Margaret → Daisy
Herb of the Madonna → Ground-ivy
Herb Robert *Geranium robertiamum* ハーブ・ロバート（フウロソウ属の一種）　フウロソウ科 PL-6
Herb St. Barbara → Winter-cress
Herb St. Gerard → Goutweed
Herb St. Peter → Cowslip
Herb Trinity → Wild Pansy
Herba Benedicta → Wood Avens
Herba Sancta Mariae → Mint
Hindu Lotus *Nelumbo nucifera* ハス　ハス科
Holly *Ilex aquifolium* セイヨウヒイラギ　モチノキ科
Holy Hay *Medicago sativa* ムラサキウマゴヤシ　マメ科 PL-6
House-leek *Sempervivum tectorum* ヤネバンダイソウ　ベンケイソウ科 PL-6
Hyacinth *Hyacinthus* ヒアシンス（ヒアシンス属の総称）　キジカクシ科（ユリ科）
Iris *Iris* アイリス（アヤメ属の総称）　アヤメ科 PL-6
Ivy *Hedera helix* セイヨウキヅタ　ウコギ科
Jove's Nuts → Oak
Judas Tree *Cercis siliquastrum* セイヨウズオウ　マメ科 PL-6
Juniper *Juniperus* ビャクシン（ビャクシン属の数種）　ヒノキ科 PL-6
Juno's Rose → Madonna Lily
Jupiter's Beard → Kidney Vetch
Jupiter's Eye → House-1eek
Jupiter's Sceptre → Cypress
Jupiter's Staff → Great Mullein
Kidney Vetch *Anthyllis vulneraria* キドニー・ヴェッチ　マメ科 PL-6
Ladders to Heaven → Lily of the Valley
Lamb's Toes → Kidney Vetch
Laurel *Laurus nobilis* ゲッケイジュ　クスノキ科
Laurustinus *Viburnum tinus* ラウルスティヌス（ガマズミ属の一種）　レンプクソウ科（スイカズラ科） PL-6

Leek　*Allium Ampeloprasum*　リーキ　ネギ科（ユリ科）
Lent Lily　→ Daffodils
Lesser Celandine　*Ranunculus ficaria*　レッサー・セランダイン（キンポウゲ属の一種）　キンポウゲ科　PL-7
Lily of the Valley　*Convallaria majalis*　スズラン　キジカクシ科（ユリ科）　PL-7
London Pride　*Saxifraga umbrosa*　ロンドン・プライド（ユキノシタ属の一種）　ユキノシタ科　PL-7
Lotus-tree　→ Nettle-tree
Love-in-a-mist　*Nigella damascena*　クロタネソウ、ニゲラ　キンポウゲ科　PL-7
Lungwort　*Pulmonaria officinalis*　ラングワート　ムラサキ科　PL-7
Madonna Lily　*Lilium candidum*　マドンナ・リリー　ユリ科　PL-7
Maidenhair Fern　*Adiantum capillus-veneris*　ホウライシダ　ホウライシダ科　PL-7
Marigold　*Calendula officinalis*　キンセンカ、マリゴールド　キク科　PL-7
Martagon Lily　*Lilium martagon*　マルタゴン・リリー　ユリ科　PL-8
Maudlin（-wort）　→ Costmary
Meadowsweet　*Filipendula ulmaria*　セイヨウナツユキソウ　バラ科　PL-8
Michaelmas Daisy　*Aster tradescantii* など　ミカエルマス・デイジー　キク科　PL-8
Milkmaids　→ Cuckoo-flower
Milkwort　*Polygala vulgaris*　ミルクワート（ヒメハギ属の一種）　ヒメハギ科　PL-8
Mint　*Mentha spicata*　スペアミント　シソ科　PL-8
Mistletoe　*Viscum album*　ヤドリギ　ビャクダン科（ヤドリギ科）
Monk's-hood　→ Blue Aconite
Moon-daisy　*Chrysanthemum leucanthemum*　フランスギク　キク科　PL-8
Mugwort　*Artemisia vulgaris*　マグワート、オウシュウヨモギ　キク科　PL-8
Mulberry　*Morus nigra*　クロミグワ　クワ科
Myrrh　*Commiphora myrrha*　モツヤクジュ　カンラン科　PL-8
Myrtle　*Myrtus communis*　ギンバイカ　フトモモ科　PL-9
Narcissus　*Narcissus*　スイセン（スイセン属の総称）　ヒガンバナ科
Nettle（Common Nettle）　*Urtica dioica*　イラクサ属の一種　イラクサ科　PL-9
Nettle-tree　*Celtis australis*　ヨーロッパエノキ　アサ科（ニレ科）　PL-9
Oak　*Quercus robur*　オーク、イングリッシュ・オーク、イギリスナラ　ブナ科
Odin's Grace　→ Wood Crane's-bill
Old Man's Beard　→ Virgin's Bower
Oleander　*Nerium Oleander*　セイヨウキョウチクトウ　キョウチクトウ科　PL-9
Olive　*Olea europaea*　オリーヴ　モクセイ科　PL-9
Orpin(e)　*Sedum telephium*　ムラサキベンケイソウ　ベンケイソウ科　PL-9
Osier（Goat Willow）　*Salix caprea*　ヤナギ属の一種　ヤナギ科　PL-9
Our Lady's Hair　→ Quaking Grass
Our Lady's Keys　*Primula*　プリムラ　→ Cowslip
Our Lady's Laces　→ Dodder
Our Lady's Bedstraw　*Galium verum*　ヤエムグラ属の一種　アカネ科　PL-9
Our Lady's Candlestick　*Primula*　プリムラ（サクラソウ属の総称）　サクラソウ科　PL-10

Our Lady's Cushion　→ Thrift
Our Lady's Eardrops　→ Fuchsia
Our Lady's Fingers　→ Kidney Vetch
Our Lady's Garters　→ Ribbon-grass
Our Lady's Gloves　→ Foxgloves → Canterbury Bells
Our Lady's Little Vine　→ Parsley
Our Lady's Mantle　→ Alchemilla
Our Lady's Nightcap　→ Bindweed
Our Lady's Purse　→ Portulaca
Our Lady's Ribands　→ Ribbon-grass
Our Lady's Seal　→ Solomon's Seal
Our Lady's Slippers　→ Bird's-foot Trefoil
Our Lady's Smocks　→ Cuckoo-flower
Our Lady's Tears　→ Lily of the Valley
Our Lady's Thimble　→ Harebell
Our Lady's Thistle　*Silybum marianum*　オオアザミ　キク科　PL-10
Our Lady's Tresses　*Spiranthes spiralis*　ネジバナ属の一種　ラン科　PL-10
Palm (Date)　*Phoenix dactylifera*　ナツメヤシ　ヤシ科　PL-10
Papyrus　*Cyperus papyrus*　パピルス、カミガヤツリ　カヤツリグサ科
Parsley　*Petroselinum crispum*　パセリ　セリ科　PL-10
Paschal Flower　→ Pasque Flower
Pasque Flower　*Pulsatilla vulgaris*　セイヨウオキナグサ　キンポウゲ科　PL-10
Passion Flower　*Passiflora coerulaea*　トケイソウ　トケイソウ科　PL-10
Pattens and Clogs　→ Kidney Vetch
Paunce　→ Wild Pansy
Peepul　*Ficus religiosa*　インドボダイジュ　クワ科　PL-10
Pennyweed　→ Yellow Rattle
Pentecostal Rose　→ Peony
Peony　*Peony officinalis*　オランダシャクヤク　ボタン科　PL-11
Pig-nut　→ Earth-nut
Pig's Petticoats　→ Kidney Vetch
Pine　*Pinus sylvestris*　オウシュウアカマツ　マツ科　PL-11
Poppy　*Papaver rhocas*　ヒナゲシ　ケシ科　PL-11
Portulaca　*Portulaca oleracea*　スベリヒユ　スベリヒユ科　PL-11
Procession Flower　→ Milkwort
Pussy Willow　→ Osier
Quaking Grass　*Briza media*　コバンソウ属の一種　イネ科　PL-11
Ragwort　*Senecio jacobaea*　ラグワート　キク科　PL-11
Reed　*Arundo donax*　ダンチク　イネ科　PL-11
Reed Mace　*Typha latifolia*　ガマ　ガマ科
Resurrection　→ Rose of Jericho
Ribbon-grass　*Phalaris arundinacea* var. *picta*　リボングラス、シマガヤ　イネ科　PL-11

Rogation Flower → Milkwort
Root of the Holy Ghost → Wild Angelica
Rose Damask *Rosa damascena* ダマスク・ローズ バラ科 PL-12
Rose of Jericho *Anastatica hierchuntica* エリコのバラ、アンザンジュ アブラナ科 PL-12
Rose of Sharon *Hypericum calycinum* シャロンのバラ（オトギリソウ属の一種） オトギリソウ科 PL-12
Rose *Rosa* バラ（バラ属の総称） バラ科
Rosemary *Rosmarinus officinalis* ローズマリー シソ科 PL-12
Royal Fern *Osmunda regalis* レガリスゼンマイ ゼンマイ科 PL-12
Rushes *Juncus* イグサ（イグサ属の数種） イグサ科 PL-12
Sainfoin（St. Foin） *Onobrychis viciifolia* イガマメ マメ科 PL-12
St. Anthony's Nut → Earth-nut
St. Anthony's Rape, Turnip → Bulbous Crowfoot
St. Barbara's Cress → Winter-cress
St. Barnaby's Thistle *Centaurea solstitialis* ヤグルマギク属の一種 キク科 PL-12
St. Bridget's Anemone *Anemone coronaria* アネモネ キンポウゲ科
St. Christopher's Herb → Royal Fern
St. Fina's Flowers → Sweet Violet
St. George's Beard → House-leek
St. Ignatius's Bean *Strychnos ignatia* マチン属の一種 マチン科 PL-13
St. James's Wort → Ragwort
St. John's Wort *Hypericum* セント・ジョンズ・ワート（オトギリソウ属の総称） オトギリソウ科 PL-13
St. Joseph's Lily → Madonna Lily
St. Joseph's Little Staff *Campanula* カンパヌラ（カンパヌラ属の白花種） キキョウ科 PL-13
St. Joseph's Staff → Oleander
St. Patrick's Cabbage → London Pride
St. Peter's Keys → Cowslip
Samphire *Crithmum maritimum* サムファイア セリ科 PL-13
Santa Marias → Button Chrysanthemum
Scarlet Lychnis *Lychnis chalcedonica* アメリカセンノウ ナデシコ科 PL-13
Shamrock → Wood-sorrel, Dutch Clover, Black Nonsuch, Black Medick
Silver Bush → Kidney Vetch
Silverweed *Potentilla anserine* ヨウシュツルキンバイ バラ科 PL-13
Slipper Orchid *Cypripedium calceolus* カラフトアツモリソウ ラン科 PL-13
Snowdrop *Galanthus nivalis* スノードロップ ヒガンバナ科 PL-13
Sol Terrestris → St. John's Wort
Solomon's Seal *Polygonatum multiflorum* アマドコロ属の一種 キジカクシ科（ユリ科） PL-14
Spikenard *Nardostachys jatamanse* カンショウ（甘松） オミナエシ科 PL-14

Staggerwort　→ Ragwort
Star of Bethlehem　*Ornithogalum umbellatum*　オオアマナ　キジカクシ科（ユリ科）　PL-14
Strangle-weed　→ Dodder
Sunflower　*Helianthus annuus*　ヒマワリ　キク科
Sweet Violet　*Viola odorata*　ニオイスミレ　スミレ科　PL-14
Tamarisk　*Tamarix gallica*　タマリスク（ギョリュウ属の一種）　ギョリュウ科　PL-14
Tansy　*Tanacetum vulgare*　タンジー、エゾヨモギギク　キク科　PL-14
Teasel　*Dipsacus sylvestris*　チーゼル、ラシャカキグサ、オニナベナ　スイカズラ科（マツムシソウ科）　PL-14
Thor's Beard　→ House-leek
Thor's Hat, Thor's Helmet　→ Monkshood
Thor's Root　→ Royal Fern
Thrift　*Armeria maritime*　ハマカンザシ、アルメリア　イソマツ科　PL-14
Traveller's Joy　→ Virgin's Bower
Tree of Calvary　*Paliurus spina-christi*　セイヨウハマナツメ　クロウメモドキ科　PL-15
Turk's Cap Lily　→ Martagon Lily
Turnip　*Brassica rapa*　カブ　アブラナ科
Tutsan　*Hypericum androsaemum*　タツァン（オトギリソウ属の一種）　オトギリソウ科　PL-15
Venus's Basin　→ Teasel
Venus's Comb　*Scandix pecten-veneris*　ナガミノセリモドキ　セリ科　PL-15
Venus's Looking-glass　*Legousia hybrida*　レゴウシア属の一種　キキョウ科　PL-15
Vervain　*Verbena officinalis*　クマツヅラ　クマツヅラ科　PL-15
Vine　*Vitis vinifera*　ヨーロッパブドウ　ブドウ科
Viper's Bugloss　*Echium vulgare*　シベナガムラサキ　ムラサキ科　PL-15
Virgin's Bower　*Clematis vitalba*　クレマティス属の一種　キンポウゲ科　PL-15
Wheat　*Triticum*（many varieties）　小麦（コムギ属の多種）　イネ科
White Lily　→ Madonna Lily
Wild Pansy　*Viola tricolor*　ワイルド・パンジー　スミレ科　PL-15
Wild Strawberry　*Fragaria vesca*　エゾヘビイチゴ　バラ科　PL-16
Wild Angelica　*Angelica sylvestris*　ワイルド・アンゼリカ、(野生の）アンゼリカ　セリ科　PL-16
Winter-cress　*Barbarea vulgaris*　ウィンター・クレス、フユガラシ　アブラナ科　PL-16
Wood Avens　*Geum urbanum*　ダイコンソウ属の一種　バラ科　PL-16
Wood Crane's-bill　*Geranium sylvaticum*　ウッド・クレーンズビル（フウロソウ属の一種）　フウロソウ科　PL-16
Wood-sorrel　*Oxalis acetosella*　コミヤマカタバミ　カタバミ科　PL-16
Yellow Archangel　*Lamiastrum galeobdolon*　イエロー・アークエンジェル　シソ科　PL-16
Yellow Rattle　*Rhinanthus crista-galli*　イエロー・ラトゥル　ゴマノハグサ科　PL-16

[PL-1]

Alchemilla　アルケミラ、ハゴロモグサ

Anemone　アネモネ

Archangelica　アンゼリカ

Aspen　ポプラ

Asphodel（*Asphodelus ramosus*）
アスフォデル

Banyan　ベンガルボダイジュ

Barren Strawberry　バレン・ストロベリー

Basil　バジル

[PL-2]

Bird's-foot Trefoil　セイヨウミヤコグサ	Black Bryony　ブラック・ブリオニー
Black Medick　コメツブウマゴヤシ	Blue Aconite　ヨウシュトリカブト
Bluebell　ブルーベル	Buckthorn　セイヨウクロウメモドキ
Bulbous Crowfoot　キンポウゲ属の一種	Camomile　ジャーマンカモミール

[PL-3]

Canterbury Bells フウリンソウ	Cedar レバノンスギ
Christmas Rose クリスマスローズ	Costmary コストマリー
Cowslip カウスリップ	Crown Imperial ヨウラクユリ
Cuckoo-flower ハナタネツケバナ	Cypress イトスギ

[PL-4]

Daffodil　ラッパズイセン

Daisy　ヒナギク

Deodar　ヒマラヤスギ

Dodder　ネナシカズラ属の一種

Dutch Clover　シロツメクサ

Elder　セイヨウニワトコ

Fennel　フェンネル

Foxglove　キツネノテブクロ、ジギタリス

[PL-5]

Frankincense　ニュウコウジュ	Fuchsia　フクシア
Gethsemane Orchis　ゲッセマネ	Goutweed　ゴートウィード
Great Mullein　ビロードモウズイカ	Greater Bindweed　ヒロハヒルガオ
Ground-ivy　グラウンド・アイビー	Harebell　イトシャジン

[PL-6]

Herb Robert　ハーブ・ロバート

Holy Hay　ムラサキウマゴヤシ

House-leek　ヤネバンダイソウ

Iris（*Iris typhifolia*）アイリス

Judas Tree　セイヨウズオウ

Juniper（*Juniperus communis*）ビャクシン

Kidney Vetch　キドニー・ヴェッチ

Laurustinus　ラウルスティヌス

[PL-7]

Lesser Celandine　レッサー・セランダイン

Lily of the Valley　スズラン

London Pride　ロンドン・プライド

Love-in-a-mist　クロタネソウ、ニゲラ

Lungwort　ラングワート

Madonna Lily　マドンナ・リリー

Maidenhair Fern　ホウライシダ

Marigold　キンセンカ、マリゴールド

[PL-8]

Martagon Lily　マルタゴン・リリー

Meadowsweet　セイヨウナツユキソウ

Michaelmas Daisy　ミカエルマス・デイジー

Milkwort　ミルクワート

Mint　スペアミント

Moon-daisy　フランスギク

Mugwort　マグワート

Myrrh　モツヤクジュ

[PL-9]

Myrtle　ギンバイカ	Nettle　イラクサ属の一種
Nettle-tree　ヨーロッパエノキ	Oleander　セイヨウキョウチクトウ
Olive　オリーヴ	Orpin(e)　ムラサキベンケイソウ
Osier (Goat Willow)　ヤナギ属の一種	Our Lady's Bedstraw　ヤエムグラ属の一種

[PL-10]

Our Lady's Candlestick　プリムラ	Our Lady's Thistle　オオアザミ
Our Lady's Tresses　ネジバナ属の一種	Palm（Date）　ナツメヤシ
Parsley　パセリ	Pasque Flower　セイヨウオキナグサ
Passion Flower　トケイソウ	Peepul　インドボダイジュ

Peony　オランダシャクヤク

Pine　オウシュウアカマツ

Poppy　ヒナゲシ

Portulaca　スベリヒユ

Quaking Grass　コバンソウ属の一種

Ragwort　ラグワート

Reed　ダンチク

Ribbon-grass　リボングラス

[PL-12]

Rose Damask　ダマスク・ローズ

Rose of Jericho　エリコのバラ、アンザンジュ

Rose of Sharon　シャロンのバラ

Rosemary　ローズマリー

Royal Fern　レガリスゼンマイ

Rushes　イグサ

Sainfoin　イガマメ

St. Barnaby's Thistle　ヤグルマギク属の一種

[PL-13]

St. Ignatius's Bean　マチン属の一種

St. John's Wort（*Hypericum perforatum*）
セント・ジョンズ・ワート

St. Joseph's Little Staff　カンパヌラ（白花）

Samphire　サムファイア

Scarlet Lychnis　アメリカセンノウ

Silverweed　ヨウシュツルキンバイ

Slipper Orchid　カラフトアツモリソウ

Snowdrop　スノードロップ

Solomon's Seal　アマドコロ属の一種

Spikenard　カンショウ（甘松）

Star of Bethlehem　オオアマナ

Sweet Violet　ニオイスミレ

Tamarisk　タマリスク（ギョリュウ属の一種）

Tansy　タンジー

Teasel　チーゼル

Thrift　ハマカンザシ、アルメリア

Tree of Calvary　セイヨウハマナツメ	Tutsan　タツァン
Venus's Comb　ナガミノセリモドキ	Venus's Looking-glass　レゴウシア属の一種
Vervain　クマツヅラ	Viper's Bugloss　シベナガムラサキ
Virgin's Bower　クレマティス属の一種	Wild Pansy　ワイルド・パンジー

[PL-16]

Wild Strawberry　エゾヘビイチゴ	Wild Angelica　ワイルド・アンゼリカ
Winter-cress　ウィンター・クレス	Wood Avens　ダイコンソウ属の一種
Wood Crane's-bill　ウッド・クレーンズビル	Wood-sorrel　コミヤマカタバミ
Yellow Archangel　イエロー・アークエンジェル	Yellow Rattle　イエロー・ラトゥル

聖人名索引

★（ ）内の日付は記念日を示す。

アウグスティヌス（St. Augustine of Hippo, 430没／8月28日）　36
アグネス（St. Agnes, 303頃没／1月21日）　128
アタナシオス、アタナシウス（St. Athanasius, 375頃没／5月2日）　98, 99
アダルハルト、アダルハルドゥス（St. Adalhardt, 826没／1月2日）　84
アルバヌス（St. Alban, 304頃没／6月22日〔現6月20日〕）　36, 64
アントニウス（大）（St. Anthony the Great, 356没／1月17日）　128
アンドレアス（リンの）（St. Andrew of Rim, 1462没／7月12日）　133
アンナ（St. Anne／7月26日）　111
アンブロシウス（St. Ambrose, 391没／12月7日）　127
イグナティウス・ロヨラ（St. Ignatius Loyola, 1556没／7月31日）　110, 111
イザベル（ポルトガルの）（St. Elizabeth of Portugal, 1336没／7月4日）　74, 75
ウァレンティヌス（St. Valentine, 269頃没／2月14日）　90, 130
ヴェレーナ（St. Verena, 350頃／9月1日）　74
エドワード（殉教者）（St. Edward the martyr, 978頃没／3月18日）　96
エドワード（証聖者）（St. Edward the Confessor, 1066没／1月5日）　137
エリーザベト（ハンガリーの）（St. Elizabeth of Hungary, 1231没／11月17日）　2, 70, 74, 76

カエキリア、セシリア（St. Cecilia, 230頃没／11月22日）　70, 71, 77
カタリナ（アレクサンドリアの）（St. Catherine of Alexandria, 307頃没／11月25日）　64, 69, 91, 108, 123, 124
キアラ、クララ、クレア（アッシジの）（St. Clare, 1253没／8月11日）　67, 80, 81, 85
クリストフォルス（St. Christopher, 3世紀頃／7月25日）　109, 110
グレゴリウス（大）（St. Gregory, Pope, 604没／3月12日〔現9月3日〕）　36, 95, 96, 134
ゲオルギウス、ジョージ（St. George, 285頃没／4月23日）　3, 37, 90, 97
ゲラルドゥス（ボローニャの）（Blessed Gerard, 1138没／6月13日）　106
コルンバヌス（大）（St. Columba, 597没／6月9日）　36

サローン（St. Salaun, 1358没／11月1日）　133

169

ジェルメーヌ・クザン（ビブラクの）（St. Germaine Cousin, 1601 没／6 月 15 日）
　74
シメオン（柱頭行者）（St. Simon Stylites, 460 頃没／7 月 25 日）　135
シモンとユダ（St. Simon & St. Jude, 1 世紀／10 月 28 日）　91
セウェリヌス（St. Severinus, 482 没／1 月 8 日）　136
セレネウス（St. Serenus, 327 頃没／2 月 23 日）　84

ダヴィド（ウェールズの）（St. David, 589 頃没／3 月 1 日）　94, 110
テレサ（アビラの）（St. Terésa of Jesus, 1582 没／10 月 15 日）　135
テレーズ（リジューの）（St. Thérèse of Lisieux, 1897 没／10 月 1 日）　120, 122
トマス・ベケット（St. Thomas à Becket, 1170 没／12 月 29 日）　127
ドミニクス（St. Donainic, 1221 没／8 月 8 日）　67, 70, 72, 73
ドロテア（St. Dorothy, 303 頃没／2 月 6 日）　66, 69

ニコラウス（トレンティーノの）（St. Nicholas of Tolentino, 1305 没／9 月 10 日）　67

パウロ（St. Paul, 1 世紀／1 月 25 日 = 回心、6 月 29 日 = 殉教）　16, 62, 101, 128
パトリキウス、パトリック（St. Patrick, 465 頃没／3 月 17 日）　36
バルトロマイ（St. Bartholomew, 50 頃没／8 月 24 日）　91
バルナバ（St. Barnabas, 53 頃没／6 月 11 日）　16, 40, 90, 104
バルバラ（St. Barbara, 235 頃没／12 月 4 日）　81, 126
パンクラティウス（St. Pancras, 304 頃没／5 月 12 日）　64
ヒラリウス（St. Hilary, 368 頃没／1 月 13 日）　129
フィアクル、フィアクリウス（St. Fiacre, 7 世紀／8 月 30 日）　81, 82, 83
フィーナ（St. Fina, 1253 没／3 月 12 日）　120, 134
フィリベルト、フィリベルトゥス（ルベーの）（St. Phiibert, 685 頃没／8 月 20 日）
　111
フィロメナ（St. Philomena, 3 世紀頃？／8 月 10 日〕　135, 136
フェイン（St. Faine, 6 世紀／1 月 1 日）　127
フォカス（St. Phocas, 3 世紀頃／9 月 22 日）　81, 82
ブラシウス（St. Blaise, 316 頃没／2 月 3 日）　129, 130
フランシスコ・サレジオ、フランソア・ド・サル（St. Francis de Sales, 1622 没／1
　月 24 日）　138, 140
フランチェスコ（アッシジの）（St. Francis of Assisi, 1226 没／10 月 4 日）　123

ブリジット、ブライド（キルデアの）（St. Bride または Bridget, 525 頃没／2 月 1 日）
129
ブルーノ（St. Bruno, 1101 没／10 月 6 日） 124
ベーダ（尊者）、ベダ・ウェネラビリス（St. Bede the Venerable, 735 没／5 月 27 日〔現 5 月 25 日〕） 59, 93
ペトロ（St. Peter, 65 頃没／6 月 29 日） 33, 91, 101, 102, 103, 174
ベネディクトゥス（ヌルシアの）（St. Benedict, 547 没／3 月 21 日〔現 7 月 11 日〕） 96
ボトルフ（St. Botolph, 655 頃没／6 月 17 日） 110

マウリリウス（St. Maurilius, 431 頃没／9 月 13 日） 87-89
マリア（マグダラの）（St. Mary Magdalene, 1 世紀／7 月 22 日） 24, 27, 32, 91, 112, 114
マリアナ、マリアーナ・パレーデス・イ・フローレス（キトの）（Blessed Marianne of Jesus, 1645 没／5 月 26 日） 133
マルガレータ（コルトナの）（St. Margaret of Cortona, 1297 没／2 月 22 日） 90, 131
ミカエルと他の大天使たち（St. Michael & All Angels ／9 月 29 日、旧 5 月 8 日）
3, 91, 115, 117

ヤコブ（大）（St. James the Great, 44 頃没／7 月 25 日） 104, 106
ヨセフ（St. Joseph, 30 年以前没／3 月 19 日） 52, 61
ヨナ（エジプトの）（Brother Jonas, 4 世紀／2 月 11 日） 85
ヨハネ（洗礼者）（St. John the Baptist ／6 月 24 日＝誕生、8 月 29 日＝殉教） 37, 53, 90, 101, 102, 126
ヨハネ（十字架の）（St. John of the Cross, 1591 没／12 月 14 日） 32, 122

ラウレンティウス（St. Lawrence, 258 没／8 月 10 日） 64
ラデグンド、ラデグンディス（テューリンゲンの）（St. Radegunde, 587 没／8 月 13 日）
85, 86, 87
レオナルド（St. Leonard, 13 世紀／10 月 6 日） 123
ロサ（リマの）（St. Rose of Lima, 1617 没／8 月 23 日） 70, 76
ローザ（ヴィテルボの）（St. Rose of Viterbo, 1252 没／3 月 6 日） 70, 74
ロザリア（パレルモの）（St. Rosalie of Palermo, 12 世紀末／7 月 15 日） 67, 76
ロベール、ロベルトゥス（モレームの）（St. Robert of Molesme, 1110 頃没／4 月 29 日） 97

主な邦訳参考文献

『新共同訳 聖書』 日本聖書協会
『キリスト教人名辞典』 日本基督教団出版局　1986年
R. ブラウンリッグ『新約聖書人名事典』別宮貞徳監訳　東洋書林　1995年
D. アットウォーター、C. R. ジョン『聖人事典』 山岡健訳　三交社　1998年
『岩波 キリスト教辞典』 2002年
O. ヴィマー『図説 聖人事典』 藤代幸一訳　八坂書房　2011年
H. & A. モルデンケ『聖書の植物』奥本裕昭編訳　八坂書房　1981年（新装版1991年）
廣部千恵子『新聖書植物図鑑』 教文館　1999年
堀田満編集代表『世界有用植物事典』 平凡社　1989年
『園芸植物大事典』 小学館　コンパクト版1994年
『花を愉しむ事典』 樋口康夫、生田省悟訳　八坂書房　2002年（新装版2007年）
大場秀章編著『植物分類表』 アボック社　2009年
『小学館 世界美術大全集 西洋編』 1992-97年
益田朋幸、喜多崎親編著『岩波 西洋美術用語辞典』 2005年
大場秀章、望月典子『オールド・ローズブック』 八坂書房　2009年
小林賴子『花と果実の美術館』 八坂書房　2010年

Oxford Dictuonary of Saints, fifth edition revised, 2011

Illustrations of the British Flora, fifth edition, Lovell Reeve & Co. Limited, London, 1901

N. Grubb, *The Life of Christ in Art*, Artabras, New York, 1996

L. Tongiorgi Tomasi, *The Flowering of Florence*, National Gallery of Art, Washington, 2002

L. Impelluso, *Nature and Its Symbols*, translated by S. Sartarelli, The J. Paul Getty Museum, Los Angeles, 2004

N. Büttner, *The History of Gardens in Painting*, translated by R. Stockman, Abbeville Press Publishers, New York, 2008

訳者あとがき

　本書は、1956年に出版されたグラディス・テイラー（Gladys Taylor、1886年生–没年不明）の *Saints and their Flowers*（A.R. Mowbray & Co. Limited、ロンドン）の全訳である。

　著者テイラーについての詳細はわからないが、*Old London Gardens*（B. T. Batsford、ロンドン、1953年）、*Oranges & Lemons. The rhyme and the churches*（Peter Nevill、ロンドン、ニューヨーク、1954年）などの著作があり、近年にも復刻版が出ている。また子供向けの聖書物語などもある。

　さて、古来人は神仏に花を捧げてきた。インドではヒンドゥー教の神や仏にハスの花が、エジプトではロータスやパピルスの花が神に捧げられた。一方キリスト教の場合には、ユリやバラを始め多種多様な花が、キリストや聖母マリア、各聖人聖女に捧げられてきた。これははなはだ興味深い事実である。

　本書には、日本ではあまりなじみのない数多くの花や植物が登場する。それらはイギリスの人々にとっては身近な植物だが、キリスト教と深く結びついていたのには驚く。たとえば聖母マリアの身を飾るあまたの植物。聖母マリアの手袋（カンパヌラやジギタリス）、鏡（レゴウシア）や櫛（ナガミノセリモドキ）、リボン（リボングラス）などなど枚挙に暇がない。これは聖母マリアが、つまりキリスト教がいかに深く人々の心をとらえていたかを示しているが、それはまたいかに熱心に布教がおこなわれたかをも物語っている。人々の心にキリスト教をしっかりと根づかせるために、修道士は身近にあった植物を聖母マリアのものになぞらえたのではないだろうか。

　布教の中でキリスト磔刑の物語を聞かせるときにもちいられたト

ケイソウ（パッション・フラワー passion flower）は、まさに奇跡の花だ。葉や莢、巻きひげから、萼、花弁、子房柱、花柱、葯、花糸、副花冠にいたるまで、すべてが受難の物語の細部を正確に表わしている。たとえば、3本の花柱はキリストを打ちつけた3本の釘、5つの葯は5箇所の傷、5枚の萼片と5枚の花弁が、ペトロとユダを除く10人の弟子を表わす等々である。宣教師の熱意によってあたかも奇跡が起こったかのような・受・難・の・花であり、また宣教師のひたむきな・熱・情・の・花とも思われる。この花を見ながら、キリスト受難の物語を聞かされた当時の新大陸の素朴な人々の心には、磔刑の話が深く刻み込まれたにちがいない。

　説教に植物をもちいたのは、修道士や宣教師だけではない。そもそもキリスト自身がたとえとして、野の花やヨウラクユリ、ブドウ、イチジクなどさまざまな植物をもちいている。そして最後にはイバラの冠を被せられ、木の十字架に架けられた。キリスト教と植物は、本来切っても切れない関係にあったのだ。

　さて聖人とは、族長、預言者、使徒、殉教者、さらに教皇、司教などであるが、それぞれに祝日が設けられ、それぞれ決まった花や植物が捧げられた。これも熱心な布教活動のひとつだった。今日の聖人暦を見ても、なんと365日すべてがいずれかの聖人の祝日となっている。生まれてから死ぬまで、一日の仕事の始まりから終わりまで、中世の人々の暮らしにはキリスト教が浸透し、教会は人々の面倒を見ていたのである。

　しかしキリスト教がかくも浸透していったのは、単に布教活動が盛んにおこなわれたからだけではなく、巧みな方法がとられたからでもある。激しい変革や強制を避け、伝統を尊重しつつ、異教をキリスト教へと取り込んだのだ。異教の祭がキリスト教の祝祭に統合されたので、復活祭（Easter）の綴りの中にはキリスト教以前の自然神エオストレ（Eostra）が存在する。さらに Thursday には雷神トー

ル（Thor）、Friday には女神フレイヤ（Freya）というように、曜日の名称には北欧神話の神々がひそんでいる。

　他方呼び名は宗教の変遷によって変化した。たとえば一つの花が時代によって実にさまざまに呼ばれた。「手袋をはめた聖母の指」と呼ばれたキドニー・ヴェッチは、もともとは「ユピテルのひげ」だったが、聖母のものとなった後、宗教改革によってすっかり格を落とされ、「子羊の蹄の先」、「ブタのペチコート」とまで成り下がってしまった。また真紅のベリーをつけるブラック・ブリオニーは、「ロザリオ」と呼ばれていたが、清教徒によって「猫のロザリオ」に変えられてしまったのである。

　さて聖人は花を捧げられたのみではない。つつましく庭の手入れをしながら、信仰生活を送った聖人が何人もいる。彼らは庭仕事によってくつろぎと心の落ち着きを得、さらに庭の花に全能なる神の摂理を見いだしたのであった。中世の修道院の中庭は「天国」と呼ばれていた。

　本書の翻訳を進める過程では、花や植物を通して遠い昔の人々やできごとが生き生きと立ち現れ、訳者はヨーロッパの文化、そしてキリスト教の一端に具体的に触れる思いがした。読者の方々がヨーロッパの文化やキリスト教についての理解を深められる一助となれば、幸いである。

　最後に、このまことに興味深い本の翻訳の機会を与えてくださり、われわれになじみのない植物の図版を可能な限り掲載し、さらに骨の折れる作業により数々の美しい図版を添えて、すてきな本に仕立ててくださった八坂書房の三宅郁子さんに、心より御礼申し上げる。

2013 年 2 月

　　　　　　　　　　　　　　　　　　　　　　　栗山節子

著者紹介
グラディス・テイラー
(Gladys Taylor, 1886-?)
イギリスの著述家。
著書に、『*Old London Gardens*』、『*Oranges & Lemons. The rhyme and the churches*』ほか、子供向けの著作も多数ある。

訳者紹介
栗山節子（くりやま せつこ）
翻訳家、東京外国語大学卒業。
訳書に、『美食のギャラリー』、『フラワー・アレンジメントの歴史』（ともに八坂書房）、『わが名はヴィドック』、『星の象徴事典』（ともに東洋書林）、共訳書に『人はなぜ泣き、なぜ泣きやむのか』（八坂書房）など。

図説 聖人と花

2013年2月25日　初版第1刷発行

訳　者	栗　山　節　子
発行者	八　坂　立　人
印刷・製本	シナノ書籍印刷（株）
発行所	（株）八坂書房

〒101-0064　東京都千代田区猿楽町1-4-11
TEL.03-3293-7975　FAX.03-3293-7977
URL.: http://www.yasakashobo.co.jp

ISBN 978-4-89694-149-4　　落丁・乱丁はお取り替えいたします。
　　　　　　　　　　　　　　無断複製・転載を禁ず。

©2013　Kuriyama Setsuko